マリア・モンテッソーリ

響き合う保育と医療

「0歳からの教育の尊さ」

保田恵莉

学苑社

まえがき

　本書は，マリア・モンテッソーリの愛について，その教育の真髄を私が乳幼児教育と美術教育の実践を通した成果を重んじながら，多角的に書いたものです。

　また，私が歩んできた道から，自身の論文を参考にし，その中に込められた想いの数々を語っています。新しい研究経過を取り入れて書きあげたものもありますが，過去から現在，そして未来へ繋がるテーマとします「0歳からの教育」についてその尊さをメッセージにして伝えたい1冊としました。

　幼稚園教育要領・保育指針の度重なる改訂は，保育そのものを変えてしまったわけではありません。しかし，0歳からの成長を見つめなおさなければ，新しいと言われる教育には到達しないこともまた確かでしょう。

　旧の教育から新の教育への変動は，人間が人間らしく生きるために必要なことであるように思います。

　マリア・モンテッソーリ（Maria Montessori, 1870-1952）は，イタリアで生まれ，死去に至るまで世界中のこどもの平和と愛を願いました。1907年，ローマの貧民街において「こどもの家」を開設以来，112年が経過しましたが，マリア・モンテッソーリのこどもへの愛は今もモンテッソーリ教育のなかで息づき，様々な国や階層のこども達の生きようとする力や個の発達の手助けをしています。

　私とマリア・モンテッソーリとの出会いは，私の中学時代にありました。

　今は閉鎖されてしまいましたが，京丹後市の網野に存在した小さな日曜学校（教会）でパイプオルガンを奏でた日々から始まりました。教会での神父様やシスターの表情やマリアへの語りはいまも心に焼き付いています。

　新任教諭から幼稚園畑の私は，長きに渡り，公立幼稚園にお世話になりました。そのため，0歳からの教育に関しては，まだ研究途上にあります。大学にお世話になり，保育実習を経験させていただき，学生と共に0歳の成長を見つ

1

めることが出来，尊く愛しい赤ちゃんについて，現在も未だ多くの赤ちゃん学を学ばせていただいています。

　私自身のことを述べさせていただきますと，私は成人し，兵庫県豊岡市の公立幼稚園に就職し，京丹後市から豊岡市に嫁いだ後，3人のこどもを授かりました。

　夫や家族の愛情に包まれて幸せに暮らしていましたが，息子が22歳になったとき，何万人に一人という難病に襲われ，2006年4月27日の早朝天国に召されました。

　その日から，しばらくは生きているのか，死んでいるのか，わからないような苦しみの日々が続き，心身ともに弱った私は床から起きることも食事を取ることも出来ませんでした。

　息子の病魔との闘いの経過は未だ胸の奥底に眠ったままです。ただ，進行する病気の経過から手足が不自由になり，障害者となったときの息子のことを講演などの際に時折語ることがあります。その時，母親であった私と主人（息子の父親）は，車椅子を押しながら多くの人々から慰めの言葉をいただきましたが，息子自身は健常のときも障害のときも何ら変わりはありませんでした。

　マリア・モンテッソーリが，「健常なこどもも障害を持つこどもも何ら変わりはない」と深い愛情を持ち，温かな振る舞いを行ったこと，また，発達に寄り添いこども達を見守ったことを知り，苦難の日々に心から勇気づけられました。

　マリア・モンテッソーリは，こどもへの愛に生きた人物であり，女性博士として母親の立場に立ち，価値ある研究をこの世に残しています。

　本書のタイトルには，モンテッソーリの苦難とこどもの幸せを祈るその愛は，筆者の歩んできた保育の道を奏でているという意を含んでいます。そして，「響き合う保育と医療」に関しては，次のようなことを考えて書き留めました。

　いま，私は日本では数少ない「医療と保育」を実践化した大学（保育士養成校である姫路獨協大学医療保健学部こども保健学科）に現在勤めながら，モン

テッソーリの愛を奏でる幼児教育について学んでいます。

「0歳って赤ちゃんでしょう？　赤ちゃんのことなんかわからない。病気になったらどうしたらいいのかわからない」と，語り掛ける学生たちの声に頷きながら，私は学生と共に色々な学びを一緒にしてきました。

私は，保育も医療も同じように幼いこども達の成長発達のための手助けをしていることを感じながら，講義を行い，学生たちが幼児教育の根っこの部分を理解してくれることを願い歩んできました。

しかし，モンテッソーリが，様々な分野や研究から，時代の流れと共に，新たな精神を創出し，それらを教育に結実させていますことや，医療と保育について十分な意義を伝えることに対しては，まだまだ勉強不足です。

そのようなことからも，本書では，マリア・モンテッソーリがどのような教育思想から乳幼児教育に影響を与えていったのかを伝授していきたいと考えています。

日本の国の現代社会のなかで保育と共に生きる保育者に必然なことが一つでも二つでも心に留めていただきますことができましたら幸いに思います。

本書の参考として取り上げました論文は，本学においての研究誌，学会誌掲載のものも含めて道筋にし，まとめていきたいと思っています。

同時に，幼児教育の新しい教育要領，保育指針から乳幼児の発達や保育の世界で重要視されてきている「協同性」「人格形成」の歩みについても，思考しながら，論じています。

さらに，研究のなかで重んじる「絵本」や「子育て支援」については招待作品の絵画も含め，ご参考になればと思っています。

皆様には，どうぞ興味のあるところから本書の窓を開き，テーマについて感じ得ていただきたいと願っています。

0歳から誕生する地上のこどもへ　そして，天国のこどもにも愛をこめて

令和2年12月吉日　保田恵莉

目　　次

まえがき　**1**

第1部　**0歳からの教育の尊さ**

第1章　**生命の喜びを共感し合うモンテッソーリ教育**
　　　　── 子育て支援を取り入れた誕生会についての省察から
　　　　..**8**

第2章　**モンテッソーリ教育の文献から伝承される理論**
　　　　── こどものこころの発見者 **24**

第3章　**0歳からの心を育む絵本研究**
　　　　── 創作絵本を通した読み聞かせから **46**

第4章　**絵画・造形から生まれる協同性の研究**
　　　　── 教育美術論とこどもの精神を基礎にして **66**

第5章　**モンテッソーリ教育における童歌に関する研究**
　　　　── 児童文化を継承する意義の考察から **85**

第2部　こころの治療（保育）

第6章　モンテッソーリ教育における治療教育に関する考察
.... **100**

第7章　人格形成における省察（マリア・モンテッソーリ）
.... **118**

第8章　絵画における体験とイメージを通して
モンテッソーリ・メソッドを巡る
── 表しの考察 **133**

第9章　乳幼児教育における専門性を求めて **149**

第10章　モンテッソーリ・メソッド
(the method of Montessori) におけるこどもの環境
.... **164**

あとがき　**178**

第1部

0歳からの教育の尊さ

第 1 章

生命の喜びを共感し合う
モンテッソーリ教育

子育て支援を取り入れた誕生会についての省察から

▌0歳からのこころのプロセス

　令和の年になり，1年以上が経過しました。私の研究では，0歳からの教育の尊さをテーマに持ちながら，赤ちゃんの動作とそれに対する環境づくりについて調べ始めています。着想に至るまでの研究においては，小学校にも繋がるこどもが育つこころのプロセスに着目しつつ，小学校以降も重要視されている生きる力の基礎を幼児期に育むことが求められていることを重要視してきたように思います。

　小学校以前の2歳〜5歳のこどもの発達を見通しながら教育活動を展開し，園生活において育みたい資質や能力を育むために保育内容「5領域」に関しての研究，健康と言葉や人間関係，環境と表現の総合的な働きを知り，こどもが伸びていくようなこころが育つプロセス法を見出すことができるのではないかと，勤務の忙しさの合間を縫うように探求してきました。

　0歳・1歳の発達のプロセスを見ていきますと，0歳・1歳の教育の尊さは人間の素地となる部分と捉えられ，とても重要ではないかと気づくことが出来ました。

　人間の可能性を話し合い，同じ研究者の仲間や園の園長先生方と共に学び合いながら，引き続き0歳児・1歳児の保育について研修を深めています。

　私自身の先行研究としましては，1件目・姫路獨協大学において，平成30年度特別研究（助成），「新教育要領の改訂と共に子育て支援に求めるモンテッソーリ教育の理論と実践」を研究しました。教育要領・保育指針の改訂の視点

　では，我が国の乳幼児への子育て支援など，幼稚園教育の改訂と共に社会福祉を取り巻き重要視されてきたモンテッソーリ教育における幼児の活動（遊び）を再認し，どのような意義を持つのかを明らかにし，そのこども観と基礎的思想を探っていきました。

　さらに，2件目の先行研究では，一年前の秋から冬にかけての2か月間，子育て支援・ケアーセンターの乳児を対象に，生まれた直後からの目の動きを追う調査をしました。結果として，体の一部分の機能が高次化されている背後に，全身運動を土台とし，思考や行動を調整する力を身につけていくという発達の関連があることが理解できました。そして，自分のなかの発達だけではなく，環境の働きかけによる発達もみられることがわかってきました。

　また，こども園での乳児の姿からは，1歳に満たない赤ちゃんの頭の中では劇的な変化が起きていることがわかりました。それはイメージや記憶の誕生です。

　母親が「いないいない」で見えなくなっても「ばあ」と言ってまた登場するだろうという予測を乳児から感じ取り，人と人がお互いに働きかけ合うことの基本を学んでいる姿そのもの。そして，何度も繰り返すことからコミュニケーション力が養われていくことを保育の場面から感じることができました。

　昨年度に引き続く調査の進行については，今は新型コロナウイルス感染症のことから現場をお訪ねすることもできません。調査は先延ばしとなりそうです。

　日常の保育観察と共に，参与観察（研究者が一緒に入り，観察を行うこと）を重点におかれているこども園をそっと覗かせていただけましたら，個性ある赤ちゃんの一日の成長の栄養となる研究になる成果を見つめ，0歳からの教育の尊さから学ぶことを是非させていただきたいと願っています。

　マリア・モンテッソーリの見出した幼児教育においては，人間らしさ即ち知性を自ら表そうとしているこどもの姿に本物のこどもらしさが求められています。現代は，子育てをめぐり，価値観の揺らぎもあり，こどもはもちろんのこと，親自身も親育ちの難題を抱え苦しんでいます。育つこども自身，親として

の未熟さなど，新たに発生する近年の問題から，子育て支援の必要性が求められているような気もします。

　日本の国で社会的に認定こども園が徐々に定着しつつある今日，多くの行事が継続されていますが「こどもを授かった喜びを感じる」という意識の持てる営みはどのようなものがあるのでしょうか。第1章では，園で行われる誕生会に着目し，モンテッソーリ教育が親と子に，そして教師が，共に生命の喜びの尊さを共感できることを願いながら今回の著書のテーマに迫ることにしました。

▌生命の喜びを共感し合う

　マリア・モンテッソーリ（Maria Montessori1870 - 1952）は，こどもの心の発見者であり，こどもを育てる道筋には愛情ある深い観察が大切であることを語り続けました。近年，親子関係の希薄化が社会問題になっています。生命の喜びを親子が共に共感し合うことは，子育て支援の一つであると考えました。

　ここでは，モンテッソーリの願いでもある「生命の喜びを共感し合うこと」に意義があることをテーマとし，具体的な事例としては子育て支援を軸としたこども園での誕生会を取り上げています。

　Rこども園は，モンテッソーリ園と銘は打っていないのですが，カトリック教会に所属する親が多く，主の祈りが教育方針のなかにも息づいています。

　私は，平成29年6月～令和1年11月の2年6か月の期間，子育てと親育ちにおける参加観察を行ってきました。

　参与観察について述べますと，Rこども園において教師は，こどもの集中現象を重んじ，保育のなかでは一人ひとりのこどもの良いところを認めようとされていました。このようなことから，健やかに育まれるこどもの生命について，保護者の子育てに関する意識を探っていくことを考えました。

　調査研究においては，前半の1年6か月に行事のなかから子育て支援についての参加観察を行い，令和1年にかかる後半1年間は，生命の喜びを親とともに共感し合うことの尊さに迫りながら，考察していきました。

　私は，前半の調査をまとめつつ，後半の1年間についてモンテッソーリの理論から幾つかの図式にまとめながら，こどもの命の誕生について探求を行いました。

　モンテッソーリ教育学の基礎に「発達の四段階」という概念があります。

　マリア・モンテッソーリは，こどもの発達の特徴の時期区分を二枚の美しい図にまとめ，残しています。1950年ペルージアと1951年ローマで開催したモンテッソーリ教師養成コースで使った「生命の季節」というテーマの二枚です。1952年5月にマリア・モンテッソーリは81歳でこの世を去りました。参照の図はどちらもマリアが亡くなる1年〜2年前のものであり，長年に渡る研究の集大成と言える貴重な考察を残した著書『人間の形成について』『こどもの心』の理解を補う意味も持っています[1]。

　次に示した**図1-1**と**図1-2**は，本来のものを参考にし，筆者がテーマに即してわかりやすくまとめたものです。

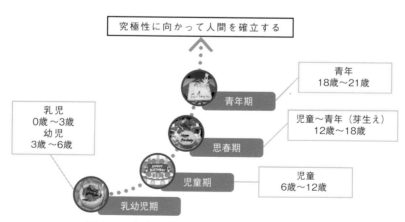

図1-1　発達の4段階から生命を構成するリズム

図**1-1**では，マリア・モンテッソーリのこどもの生命とその発達の捉え
が，成長の期により示されています。松本静子氏は，著書『よろこびの中に生
きるモンテッソーリ教育』のなかで，幼児期と思春期が生命の危機を持つ重要
な段階であることを述べています。

　私はマリア・モンテッソーリの図式を基にカミーロ・グラツィーニ氏が描い
た図式を日本語に訳したものを参考に，幼児期の前に乳児期があることを加
え，「乳幼児期」と整理してみました。ここからは，0歳からの教育の大切さ
が感じ取れます。

　誕生の瞬間からこどもは泣いたり，眠ったり，全存在をかけて自己表現をし
ながら成長しつづけています。なかでも，こどもの創造的エネルギーは心の表
現が噴出するものである[2]，ということを図式から皆様にお伝えしたいと考え
ました。

▌0歳からの教育思想の根底に潜む哲学

　私の研究には，これまで多くの方のご支援とご協力があり，Rこども園もそ
の一つです。

　0歳からの教育の尊さは，幼稚園畑の私には新鮮で貴重な視点であり，その
「尊さ」は保育者の眼差しから感じ取ることが多くありました。また，仕事の
関係からも保育実習との関わりのなか，たくさんの気付きがありました。

　幼な子と共に歩んだ経験を基に，次の図**1-2**では，保育園・認定こども
園・幼稚園→小学校→中学校→高校→大学『幾つかの壁を乗り越え，人格が確

図1-2 乳幼児期から青年期までの人格の確立

立したこと』を図に示してみました。

　成長期にあるこどもの成長発達と共に，それぞれの成長期における欲求の違いは様々な研究をされてきています。モンテッソーリ教育が生命を引き継ぐものであることを噛みしめながら，生まれて間もない乳児の頃からこどもは究極性を目指しています。こどもの可能性を児童期〜思春期そして青年期へと命を走らせながら，その間，幾つもの壁があり，それらを乗り越えることも人として育っていく過程においては重要なことであると確信しています。

　さらに，知的にも精神的にも安定した成果が得られ，こどもは人格を確立していく経過のなかで「自分のことが自分でできる」という場面を獲得します。

　さらに，0歳からの教育思想の根底に潜む哲学について考えてみました。

　図1-3を説明しますと，根っこから始まり，花の開花する様子を示しています。かつてマリア・モンテッソーリが描いた構想図に基づき，カミーロ・グラツィーニ氏が描いた「発達の4段階」では，無意識的吸収精神の特徴ネブレを球根とし，人間の発達が図に示されました。

　また，江島氏による0歳〜3歳の発達の特徴を引用すると，次のようなことがわかります。

　『モンテッソーリの発達の4段階は教育者の間で知られているが，こどもから大人に発達する過程を4段階に区分する構想は，既にコメニウス（1592-

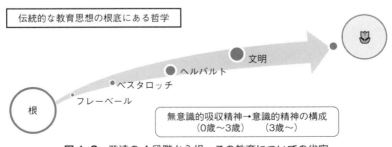

図1-3　発達の4段階から根っこの教育についての省察

1670）に見られる。モンテッソーリは，構想図に表した幾何学的イメージの発達の4段階以外にも，チューリップの球根の形式でこどもの発達を生物学的・植物学的・有機体的な生命リズムで表現している。ここでの球根は種のようであり，生命の生きるエネルギーを内包するものである。この生きる生命衝動を内在させる球根は，周囲のものを我が物とするエネルギー，ネブラエを宿す。ネブラエはホルメの一種であり，活動する時期を異にし，活動への敏感さを刺激するエネルギーである[3]』。

　これらのことから，私たちは，誕生したばかりの0歳からの教育がどのように尊いことかという知見について少しずつですが理解ができます。

▋ 新生児の形成的時期と誕生の喜び

　マリア・モンテッソーリは，著書『こどもの心―吸収する心』のなかで，新生児は，胎児が胎内で肉体を構成するのと同じような構成的仕事を精神的領域でもしなければならないことを述べています。

　このことをRこども園での実践に重ね合わせて考えてみましょう。Rこども園では，平成22年度から今年で10年目になりますが，誕生会を通して，新生児として生まれてきた喜びが感じられるように営みを続けておられました。

　一つの事例としては，誕生日にはバッジをつけて登園し，周囲からお祝いの言葉をかけてもらうことがあげられます。5歳児には誕生日カードを作り，誕生したときの様子などを保護者に記入してもらい，こども達が自分の誕生を喜び，大事に育ててもらっている実感を幼いながらも感じてほしいという目的で取り組んでいらっしゃいました。しかし，保護者については誕生会で成長を感じるとは意識されていない方が多いようです。

　これは，誕生会という行事が，保護者の目線でとらえられてきていないためと考えられます。

　また，保護者にとっては，誕生会といった園行事よりも，誕生日という我が子が生まれた本当の記念日の方が，大切な日と考えておられるのではないでし

ょうか。

　モンテッソーリ教育著書のなかで，マリア・モンテッソーリは新生児には誕生前と誕生後と二種の胎生期があることを述べています。

　『新生児は，胎児が胎内で肉体を構成するのと同じような構成的仕事を精神的領域でもしなければならない。新生児は今までの胎内生活とも，これから自分がそれに成る人間の普通の生活とも違う生活をする一期間に入る。この出生後の仕事は「形成的時期」と呼ばれる時期に行われる構成的活動である。この時期の赤ん坊を，モンテッソーリは精神的胎児（胚子）と定義した[4]』。

　近年，社会に馴染まない親も多く，私は子育ての不安が保護者側に存在しているように感じています。園全体でこどもの誕生を祝うことからは，こどもが自分は周りの人々から大切にされているという自己肯定感が持てることです。

　保護者にとっても，我が子がみんなから大切にされて育っているということを実感することができることではないのでしょうか。

　R保育園では，誕生会の省察から，皆で子育てをしている気持ちを育むことに願いを持たれました。

　このような視点から，母と子が，生まれて来た喜びを共にする実践を振り返りますと，マリア・モンテッソーリの教育の理念と合致していると考えられます。愛着をもった場所や人から離れ，新しい場所で見慣れぬ人に周囲をかこまれた園生活が始まることで，こどもは入園からしばらくは不安の多い生活を送っています。

　入園時からこどもたちのようすを調査したときには，しばらくは爪かみ等の不安を示す行動が多く見られること，じっとしてあまり動かないようすがしばしば見られることもあります。また，入園直後は登園時にこどもが母親から離れたがらないでめそめそ泣いている姿も見られます。

　しかし，こうした不安の兆候は多くの場合一過性であり，数か月後にはほとんどの場合消えたことも報告されています[5]。

　このように，入園直後の不安は特別なことではなく，多かれ少なかれほとんどのこどもが体験して，園に慣れていくにしたがって消えるものです。ときに

は入園直後にはこうした行動が出ず，途中から突然あらわれてくるこどももいます。研究では，そういうこどもの方がその後不安を長引かせるという報告もあります[6]。

　マリア・モンテッソーリは，こどもたちの行動と自由な雰囲気のなかの相互関係とを調べることにより，こどもたちの本当の秘密を明らかにしました。そして，それは鋭敏で繊細な事実であるため，精神の顕微鏡で調べなければならないことに加え，人間の本性を明らかにしてくれる極めて興味深い事実であることを語っています[7]。

　環境から学ぶモンテッソーリ思想から，誕生会が誕生児にとって，祝福される喜びから自己肯定感が育まれる行事とするための方法について考えるとき，私は，まずはこどもと保護者の気持ちに立ち返ることが重要な気がしてきました。

┃ 成長を共に喜び合う

　調査年度，0歳から年長までのこども達は，全員で106名在籍していました。

　具体的な人数をあげると，0歳は6人，1歳は7人，2歳は12人，3歳は23人，4歳は26人，5歳は32人です。

　昨年度の取り組みを振り返りますと，誕生会では誕生児を紹介する際，質問タイムを設け楽しい演出をして「特別な日」を感じられるように工夫していました。しかし，誕生児が大勢いると，時間がかかり集中が切れてしまいます。

　私が園にお伺いした際には，誕生会の本来の意義である誕生児を「祝う」「祝われる」という立場を置き換えての両者の気持ちが持てていました。

　しかし，誕生児が誕生会で，大勢の中で自分の名前をはっきり言え，誕生児の成長を感じられた姿を保護者に伝えてはいますが，誕生会を通して各々の保護者が共に喜び合えるにはどのようにすれば良いのか，思案します。

　加えて，誕生会のときに必ず絵本読み聞かせをすることの実践を育む様子からも，保育者とこどもの成長の喜びを共有するための支援の課題が少しずつ見

図 1-4　誕生を絵本から共に感じること（保田，2017）

えてきたような気がしました。

　図 1-4 は，筆者が描いたクラスでの誕生会（11 月）のお祝いの一つ「絵本読み聞かせ」の場面です。アンデルセン童話『みにくいアヒルの子』をこども達が保育者と共に楽しんでいる様子を描いたものです。

　5 歳児クラス 32 人のこども達のなかには，いたずらなこども A くんがいて，先生の方を見ないで遊んでいます。物語は静かに流れ優しい先生の声が聞こえるようです。

　マリア・モンテッソーリは，生き物の誕生もこどもの誕生も同様に，母と子の繋がりをとても大切に教育のなかで扱っています。絵本の物語を通じて，こども達は読み聞かせの童話の主人公である『みにくいアヒルの子』が母親に愛されて生まれて来たことや，苦しい試練を乗り越え，やがて成長と共に美しい白鳥になれたことに感動を覚えたようでした。

誕生会の価値

　0 歳児の殆どの保護者は，仕事を再開したばかりで，仕事と子育ての両立について悩むことが多いようです。また，この世に生を受けて誕生した我が子

が，成長して一年たった初めての記念日であり，喜びもひとしおであると思われます。

　そのような保護者への子育て応援メッセージとして，園からは，こどもへの誕生プレゼントだけでなく0歳児の保護者への祝福カードを贈るようにされていました。それに対して保護者からは「思いがけないことだった」「仕事との両立で悩んでいた時に心強かった」などという返事が返ってきていました。

　5歳児の誕生カードについては，就学を前に成長したこどもの姿を振り返り，保護者に出産時の様子等写真を交えて作成してもらっているようでした。

　保護者からの感想では，これまでの子育てを振り返る良い機会であり，文字にすることで自分は愛されている気持ちをいつでも思い出してもらえるなどといった言葉も読ませていただきました。保育士もそのカードを見ると涙が出るほど，そのこどもが家族に大切にされているということを実感されていました。改めて個々を大切にする保育をし続けたいと思ったと，保育士たちは口々に述べていらっしゃいました。

　このことから，私には一人ひとりがかけがえのない存在であることを保護者も保育士も実感できる機会になったことがわかりました。

　園だけでなく，家庭においても，このように特別感を持って過ごせることが，自己肯定感につながっていくようでした。こどもの「年に一回きり」の誕生日を保育者も意識していくことにより，クラスのなかの集団の中の一人でなく，この世に一人だけの大切なこどもであることや何月何日に生まれた記念日を大切に祝うことが生まれていきます。

　誕生会について話すこどもの喜びの姿を見て保護者も微笑ましく思われたのではないでしょうか。

　しかし，一人ひとりを大切にしてくれてありがたいという声を聞く半面，そこに個人差はあり，かかわる保護者のこどもへの愛情のかけ方に対し，保育士ではどうにもならない保護者の希薄な愛情不足と思われる子育て意識に出会うこともあったことをお聞きしています。すべてのこどもに平等な誕生の祝いをすることを考えますと，親のこころ（意識）を動かす手立てが必要な支援とし

て望まれることが明らかになってきたような気がしました。

　以上のことを自身に問いかけながら，次のような作図（**図1-5**）をしてみました。

　図1-5では，こどもの発達に沿って時間差を伴い，開かれるものと捉えた要因を示しました。ある子は，運動遊びは得意だが言葉はゆっくりしているとか，ある子は指先が器用だが友達とうまく遊べないなど，こどもにより得意不得意があり，育っていくスピードもバラつきがあります。

　このことから，保育士は，一人ひとりの花に寄り添ったかかわり方を工夫することが大切であると推察します。

　0歳からの乳幼児の発達においては，こどもを伸ばすための知力の基礎になることを重要に思うのですが，一人のこどもには「頭」「心」「体」が潜んでおり，誕生と同時にこどもの可能性がそれぞれの要因を媒介にして伸びていくものです。

　幼い1歳児のクラスでも自分の誕生日が終わった後，友達の誕生日の様子を報告しています。他年齢クラスにおいても同様に家庭で誕生日や誕生会の様子を楽しそうに話しています。バッジを見ると異年齢のこどもや見知らぬ友達が自然におめでとうと言ってくれる姿も見られ，保護者もそれに対して喜んでいました。

　幼いこどもでも誕生児が誰かわかりやすく，誕生日という特別な日に何をし

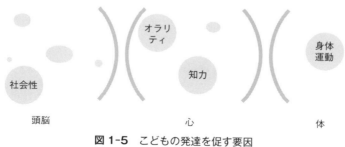

図1-5　こどもの発達を促す要因

てもらえるかということが明確であったからでしょう。「おめでとう」と言われた嬉しさを次の誕生児につないでいく姿は実に微笑ましいものです。

　自分の番から友達への関心に広がっていく姿を見て，保護者は我が子の友達とのつながりの深さを感じることができるように思います。そして，自分のことで精いっぱいだった我が子が友達のことも気遣い，祝うことができるようになったことに成長を感じているでしょう。

　マリア・モンテッソーリは，講話や著書から，事柄の縦割り保育のことを「思いやりが育つ機会」と語っています。

　子育て支援は，保育者が直接的に働きかけて支援することもありますが，今回のテーマように間接的に人と人がやり取りを行うことから支援が生まれることもあるでしょう。

　それは，保育園という共同の社会の中で一人ひとりのこどもの誕生した日を祝い，声を掛け合うことで「皆でこどもを育てている」「共に喜びを持つ」といった実感が持てる支援です。

　家庭では，どのような誕生日を祝う機会が得られているのでしょうか。温かな家庭のなかでは兄弟姉妹の愛情が育まれる機会がとても大切に感じています。

　上記のようなことから，次に『家庭からの誕生日』（**図 1-6**）の光景を示しました。

　3歳児の誕生カードの出産時の様子について話しますと，幼いこどもでも関心を持って静かに聞いていることがわかります。5歳時になると，誕生児に「朝生まれたよ」，「病院に入院していたね」など，後から友達同士で話している姿も見られました。

　生まれてまだ数年しかたっていないこども達でも，家族の誰もが，自分が生まれてくることを心待ちにしてくれていたこと，家族の誰もが泣けるほど喜んでいたことなどを感じ，自分の命を大切にする気持ちが芽生えています。

　しかし，誕生会だけでなく，自分がこの世に生まれてきたという誕生という

図1-6　3歳になった弟へ：誕生日おめでとう

記念日に着目していく中で，保護者が，こどもが誕生日を心待ちにしている姿を喜ばしく思ったり，家族以外の皆から祝ってもらう嬉しさを園の取り組みから実感できたりする場面を受け止めるとき，保護者にとって我が子がかけがえのない存在であることが改めてわかります。

　Rこども園と保護者が一体となって，喜びを分かち合える日に変わっていったことから子育ての成果がみられたことは言うまでもありません。

　クラスの中で，担任がそのこどもの長所を伝えながら，皆の前でペンダントを渡すことからは，今月の誕生児が明確になり，皆で祝おうという気持ちがより強まりました。皆の前で自分を認めてもらえ，こどもも満足そうな顔が見られました。このように保育士がその子の長所を伝えていくことが今後さらに重要と捉えています。

　保護者の声からは，愛される環境のなかでこどもが成長していく喜びを保護者が実感し，保護者と同じ思いでこどもの存在の大切さを保育者が意識できる実践を行うことの価値を感じました。

　近年，幼児虐待が年ごとに増加し，命を受けてこの世に誕生したかけがえのないこどもが亡くなってしまうことも日常の報道から知ることが多くあります。そんなとき，社会のなかで生命の誕生を祝える場と時間が存在していることをなんと幸せなことかと受け止めます。

　園では誕生会を通して成長の喜びを感じ，皆から祝われることで，この世に

誕生するということは，素晴らしいことと実感できたように思われました。

　このように，こどものこころの発見者であるマリア・モンテッソーリから愛情深い具体的な指導方法を学ぶことには意味が深いと思われます。

　子育て支援を取り入れた0歳からの教育を継続し，一人ひとりの子の誕生が大切にされることを心から願って止みません。

The Method Of Montessori In Which People Sympathize With The Joy Of The Life:
From the consideration about the birthday party adopting the childcare support

In the infant education which Maria Montessori discovered, children trying to express humanity, in other words "intelligence", are highly regarded as the children with childlike charm. A new culture of raising children and growing up, with declining birthrate and aging society, is gradually becoming popular among Japanese people as time goes by. Recently as for child-raising, due to a change in the sense of value, not only children but also parents are suffering with the problem of growing up. In the situation of child-raising, childcare support is needed because of new problems appearing recently, for example, children growing up and the immaturity of the parents.

While certified daycare centers are gradually settled and they continue many events, what kind of events can awaken to the idea of the joy of having children? The study moves on to the main topic by focusing on the birthday parties held in certified daycare centers and wishing that parents, children and teachers can empathize with the preciousne of the joy of life in the Montessori method.

引用文献

1) 松本静子（1999）『よろこびの中に生きるモンテッソーリ教育』学苑社，p.114.
2) 早田由美子他（2016）『現代に生きるマリア・モンテッソーリの教育的思想と実践〜空想的想像力から科学的創造力へ〜』KTC中央出版，p.186.
3) P. オスワルト，G. シュルツ・ベネシュ編　平野訳（1974）『モンテッソーリ教育学の根本思想』エンデルレ書店，p.116.
4) モンテッソーリ著　鼓常良訳（1971）『こどもの心』国士社，p.69.
5) 無藤隆（2003）『保育・看護・福祉プリマーズ⑤発達心理学』ミネルヴァ書房，p.112.
6) 同上　p.191.
7) マリア・モンテッソーリ著　中村勇訳（2010）『こどもの心─吸収する心』日本モンテッソーリ教育綜合研究所，p.256.

モンテッソーリ教育の
文献から伝承される理論
こどものこころの発見者

▋ マリア・モンテッソーリ

　第 2 章では，マリア・モンテッソーリについて述べることにします。

　私は，マリアが「こどものこころの発見者である」ということに深く感銘を
受けました。

　マリアは，1870 年イタリアで生まれ，史上最初の女性医学博士となりまし
た。

　マリア・モンテッソーリの初期の頃の専門は，発達の遅れた貧しい地域の障
害児の発達研究であり，博士の使命は知能の発達の遅れたこども達を健全な普
通児と同じく学習できるようにすることでした。そのために，こども達を深く
観察しつづけ，多くの文献に示し，世に引き継いでいます。

　1906 年（明治 39 年）に「モンテッソーリ学校」を開設して以来，1952 年
（昭和 27 年）の死去に至るまでの 46 年間は，マリア・モンテッソーリの事業
にとって悩み多き時期であり，大きな業績そのものの生涯であったでしょうか。

　マリアの文献からは，こどもの精神の中に見出した「子そのもの」が読み取
れると人々から語られています。年月を経て，マリア・モンテッソーリは，
「こどものこころの発見者」として幼児教育に重要な理論を伝えました[1]。

　さらに，マリアの人間生命力の本質に関する厚い信頼は，博士の数々の著書
からの発信により，たくさんの研究者達を魅了しています。マリアは，こども
の救出とその障害の矯正のために自らを捧げました。

　マリア・モンテッソーリが，元来医者として育ち教育的要素を初めから身に

つけていなかったことは，ある意味，感覚と理念を自由に持ち，モンテッソーリ教育の道を切り拓くことに結ばれていったように思われます。

　私には，型にはまった教育学者が学説にこだわったと思われます研究世界に，雄々しく踏み込み，こどもの理解を文献に表しているように思われます。

　それほどに，マリア・モンテッソーリの文献は素晴らしく，幼児教育を学ぶ私にとって価値ある教育書となりました。

　マリア・モンテッソーリの名前や活動は，祖国イタリアはもちろんのこと，欧州の様々な国で広がりを見せ，世に伝えられました。

　博士は，こどもを良くする願いと共に善良に有能に幸福に育てるためには，大人がこどもを理解することが第一であると考えていました。

　クリスチャンであります私は，モンテッソーリの教育法がもっとも近道であると捉えています。こどもは注意深く育てないと悪い影響に覆い隠され，歪められて育ってしまいます。一人ひとりのこどもが健やかに自主的に良い環境の中で育つこと。そのための科学的教育について詳しく知ることにしました[2]。また，世界中のこどもに「平和と愛」を願うマリア・モンテッソーリ自身について，こどもへの愛の追求と実現を，著書の中から探っていくこととしました。

　文献の特徴の一つはモンテッソーリの実践の根底にある哲学的・心理学的な理論を実践のきめ細かい解説と結びつけているところにあるように思われます。

こども理解

　少子化，核家族化，女性の社会進出など，社会構造やこどもを巡る環境が変化し，こどもの変貌が危惧されている中，人格形成にとって基本となる幼児教育については特に重要課題を持ちます。

　私は長年，幼稚園教諭指導・保育所巡回・養護施設の支援児訪問など続けてきましたが，年々「言葉が出ない」「視線が合わない」「表情がない」こどもが

増えてきていることに直面します。

　育児は育てる母の喜び，育てられるこどもの喜びの相関関係により成り立つものです。母に代わる園での保育者は，温かな「太陽」そのものです。まずは，モンテッソーリ教育の文献を通して，こどもの心に寄り添い，私自身が真摯に学ぶことを目的としました。それから，文献から読み取ったことを園の中の指導に生かしていく歩みを続けています。ここでの論述「サブテーマ」の「こどものこころの発見者」とは，マリア・モンテッソーリ自身・こどもと保育者など，こどもとこころを繋ぐ温かな愛の存在を示しました。

　最近の日本では，こどものことがわからないという大人が増えているようです。大人に反抗する年頃の思春期のこどもならともかく，従来は素直で従順と考えられてきた幼児についてさえそのようなことが言われています。しかも，それは一般の大人においてだけではなく，親，さらには，教師においてさえそうなのです。一体どうしてこのようなことが起こっているのでしょうか。

　我が国では，幼児教育が広く普及し，いまや保育所もしくは幼稚園に通う乳幼児は，同年齢の90％以上を占めています。それは多くのこどもたちが，家庭で父母や身近な人とだけ向き合うような閉鎖的な環境ではなく，仲間はもちろん，保育士や教師などの多様な大人たちと触れることのできる開かれた環境で育っていることを意味します。

　そのような環境にありながら，こどもの心が読みにくいというのは，そこに何かこれまでになかった新しい問題が潜んでいるのかもしれません。こうした状況を踏まえ，いま，こども理解の重要性が改めて強調されています。

　そもそも教育とは大人が一方的にこどもを導き，大人の望む型にはめることではなく，こどもの内に眠っている可能性を引き出すことによってこどもの自己実現を促し，それによりこどもが幸せな人生を歩めるように励ます営みです。

　このような教育的働きかけが功を奏す[3]には，その働きかけが確かにこどもの心に届くものでなければならないと私は考えました。そのためには，何よりもこどものことを理解することが不可欠です。しかし，こどものありようは，時代とともに変化していくのだとすれば，かつて幼児教育で通用したこどもの

理解の方法がもはや通用しなくなるということが起こり得ます。では，今日の状況のもとで，こども理解を適切に行うには，どうしたらよいのでしょうか。

　幼児教育の世界ではわが国でも大きな影響を及ぼしてきたモンテッソーリの教育理論は，何よりも「こどもを理解することを大切にする理論」です。モンテッソーリ自身は「こども理解」という言葉を使ってはいませんが，その思想には，今日の「こども理解」に通ずる考えが脈々と流れているような気がしています。私には，我が国の幼児教育においてモンテッソーリ教育が広く受け入れられてきた大きな理由の一つは，ここにあるように思われてなりません。

　実際，我が国におけるモンテッソーリ教育の実践者や研究者の間でも，「こども理解」の重要性に改めて注目する動きが現われています。

　そのような動きは何を目指しているのか，その動きからどのような可能性が引き出されるかは，きわめて興味深いことと思われます。

　以上のような視点に立ち，私は，こどものこころの発見者であるマリア・モンテッソーリから愛情深い具体的な指導方法を学ぶことをねらいとしました。

▌マリア・モンテッソーリの文献

　マリア・モンテッソーリは，こどもの生命の誕生の瞬間から，既にこども自身に先天的に与えられている能力・可能性・力を『遊び（作業）』を通して活動させました。

　同時に，こども自らによって個人的・社会的な自己表現をすることを大人への発信（メッセージ）に関連づけています[4]。

　乳幼児期は，人間にとって，最も柔らかい，最も活力のある時期です。全てが生命に満ちあふれ，こどもの魂が隠されているとも言えます。

　文献の中からは，この大切な時期と結びつけて，マリア・モンテッソーリが我々に与えた示唆について探求することが可能なように思われます。

　皆様のご参考になればと，マリア・モンテッソーリの主な著書を次のように1〜65冊を挙げました。

マリア・モンテッソーリ「主な著書」

1　幼児の秘密（モンテッソーリ著，鼓常良著）1968 年国土社
2　人間の形成について（モンテッソーリ著，坂本堯訳）1970 年エンデルレ書店
3　モンテッソーリ教育・0 歳〜6 歳まで（モンテッソーリ著，吉本二郎，林信二郎共訳）1970 年あ
　　すなろ書房
4　こどもの心（モンテッソーリ著，鼓常良訳）1971 年国土社
5　こどもの発見（モンテッソーリ著，鼓常良著）1971 年国土社
6　モンテッソーリ教育・6 歳〜12 歳まで（モンテッソーリ著，吉本二郎，林信二郎共訳）1971 年あ
　　すなろ書房
7　創造する子供（モンテッソーリ著，菊野監修，武田訳）1973 年エンデルレ書店
8　モンテッソーリ教育学の根本思想（P. オスワルト，G. シュルツ・ベネシュ編，平野訳）1974 年エ
　　ンデルレ書店
9　この子をどう育てるか（G. アントレー・ゴッレーシオ／ G. オネガー・フレスコ著，武田正實訳）
　　1974 年エンデルレ書店
10　モンテッソーリの発見（E.M. スタンディング著，K. ルーメル監修，佐藤幸江訳）1975 年エンデ
　　ルレ書店
11　家庭におけるモンテッソーリ教育の実践─未就学児のために─（ヘインストック著，武田正実訳）
　　1975 年エンデルレ書店
12　モンテッソーリ平和と教育（P. オスワルト，G. シュルツーベネッシュ著，小笠原道雄，高祖敏明
　　訳）1975 年エンデルレ書店
13　モンテッソーリ教育学入門（市丸成人著）1976 年学研
14　子供・教育の再建（モンテッソーリ著，夙川幼児教育研究所）1976 年エンデルレ書店
15　モンテッソーリ教育②日常生活の練習（岩田陽子，南昌子，石井昭子共著）1977 年学研
16　モンテッソーリ教育①理論概説（相良敦子著）1978 年学研
17　モンテッソーリ教育③感覚教育（岩田陽子著）1978 年学研
18　なぜ，今モンテッソーリ教育なのか（ポーラ・ボルク・リラード著，いいぎりゆき訳）1978 年エ
　　ンデルレ書店
19　モンテッソーリ治療教育法（ヘルブルッゲ著，西本順次郎他訳）1979 年明治図書
20　モンテッソーリとこどもたち（テリィ・マロイ著，正田幸子訳）1979 年エンデルレ書店
21　モンテッソーリ博士との出会い（マッケローニ著，夙川幼児教育研究所 1979 年エンデルレ書店
22　モンテッソーリ教育・子供の何を知るべきか（モンテッソーリ著，林，石井共訳）1980 年あすな
　　ろ書房
23　マリア・モンテッソーリ（リタ・クレーマー著，平井久監訳）1981 年新曜社
24　新しいモンテッソーリ・モデル（西本順次郎編著）1981 年明治図書
25　今日のモンテッソーリ教育（R.C. オレム著，三谷，山崎，穴沢共訳）1982 年明治図書
26　現場のためのモンテッソーリ障害児教育（井田範美著）1982 年あすなろ書房
27　モンテッソーリ教育学（ヘレネ・ヘルミング著，平野智美・原弘美共訳）1982 年エンデルレ書店
28　モンテッソーリからモンテッソーリを超えて（相良・杉浦他著）1982 年相川書房
29　現場のためのモンテッソーリ教育の実践（林信二郎編）1983 年あすなろ書房
30　モンテッソーリの教育法基礎理論（モンテッソーリ著，ルーメル，江島共訳）1983 年エンデルレ
　　書店
31　ママ，一人でするのを手伝ってね！（相良敦子著）1985 年講談社
32　モンテッソーリ法による幼児と体育（セント・モンテッソーリスクール編，甲斐訳）1986 年エン
　　デルレ書店
33　モンテッソーリ教育の研究（松浦鶴造著）1986 年五月書房
34　精神発達遅滞児の知的学習（井田範美，田中道治著）1986 年明治図書

35 「モンテッソーリ・メソッド」入門（白河蓉子著）1986 年明治図書
36 モンテッソーリ教育の理論と実践〈下巻〉（市丸成人，松本静子編著）1987 年エンデルレ書店
37 モンテッソーリ教育のすべて（E. ハインストック，平野智美監訳）1988 年東信堂
38 新しいモンテッソーリ教育（R.C. オレム編，平井久他訳）1989 年誠信書房
39 こどもは動きながら学ぶ（相良敦子，池田政純，池田則子著）1990 年講談社
40 自発的活動の原理（モンテッソーリ著，阿部真美子訳）1990 年明治図書
41 モンテッソーリスクール経営指導要綱（M. ジョージ，B. ヴァイス編，甲斐仁子訳）1991 年エンデルレ書店
42 モンテッソーリ法の検討（W.H. キルパトリック著，平野智美監訳）1991 年東信堂
43 新しい世界のための教育・自分をつくる 0 ～ 6 歳（モンテッソーリ著，関聡訳）1992 年エンデルレ書店
44 人間の可能性を伸ばすために・実りの年 6 ～ 12 歳（モンテッソーリ著，田中正治訳）1992 年エンデルレ書店
45 マリア・モンテッソーリこどもの心—吸収する心—（モンテッソーリ著，鼓常良著）1992 年国土社
46 子供の何を知るべきか（モンテッソーリ著，鈴木弘美訳）1993 年エンデルレ書店
47 モンテッソーリ教育の道（クラウス・ルーメル編著）1993 年学苑社
48 モンテッソーリ教育の心（江島正子著）1993 年学苑社
49 モンテッソーリアンと生きる（松本静子著）1993 年学苑社
50 モンテッソーリ私のハンドブック（モンテッソーリ著，平野智美，渡辺紀世子共訳）1994 年エンデルレ書店
51 コスミック教育の形成（シスター・クリスティーナ，マリー・トルードゥ著，三宅将之訳）1994 年エンデルレ書店
52 お母さんの敏感期（相良敦子著）1994 年文藝春秋社ネスコ
53 おかあさんのモンテッソーリ（野村緑著）1995 年サンパウロ
54 マリア・モンテッソーリ（H. ハイラント著，平野智美，井出麻理子共著）1995 年東信堂
55 モンテッソーリ教育法子供—社会—世界（モンテッソーリ著，ルーメル，江島共訳）1996 年ドン・ボスコ社
56 児童期から思春期へ（モンテッソーリ著，クラウス・ルーメル，江島正子共訳）1997 年玉川大学出版部
57 こどもが祈りはじめるとき—モンテッソーリ宗教教育（ソフィア・カバレッティ著，クラウス・ルーメル，江島正子共訳）1998 年ドン・ボスコ社
58 幼児期には 2 度チャンスがある（相良敦子，池田政純，池田則子著）1999 年講談社
59 国境のない教育者—モンテッソーリ教育—（レニルデ・モンテッソーリ著，クラスス・ルーメル，江島正子訳）2000 年学苑社
60 モンテッソーリの宗教教育（江島正子著）2001 年学苑社
61 楽しく育てこどもたち（江島正子著）2003 年サンパウロ
62 モンテッソーリ教育の精神（クラウス・ルーメル著）2004 年学苑社
63 ルーメル神父来日 68 年の回想（クラウス・ルーメル，赤羽孝久編）2004 年学苑社
64 こどもの精神—吸収する精神—（モンテッソーリ著，中村勇訳）2004 年日本モンテッソーリ教育綜合研究所
65 世界のモンテッソーリ教育（江島正子著）2005 年サンパウロ

（参考：「モンテッソーリ協会」[5] 2013 年 5 月 ～ 2016 年調査．年代順記載）

マリア・モンテッソーリの教育理論

　独自の理念を文献の中から簡潔にまとめますと，マリア・モンテッソーリの教育理論は「こども・環境・教師」の3つの柱に分かれています[6]。文献の理解としてはテーマに基づき，モンテッソーリが教育理論としてこの柱と繋がりが深い文献をここでは主に取り上げてみました。

　モンテッソーリは，著書の中で，教具を使ってそれぞれが活動に取り組むことを，幼稚園では「遊びの時間」とは言わず「仕事」と呼んでいることを伝えています[7]。さらに，1968年国土社より出版されました著書『幼児の秘密』では，こどもの内面（心の中にある気持ち）に着目する人々の関心は広がっています。

　1971年には，著書『こどもの心』の初版により，教育の原点に立ちモンテッソーリは，こどものこころの発見と理解に努めていることが読み取れます。

　このことを更に具体的に述べますと，「こども一人ひとり異なる興味を大切に扱ったこと」が文献から読み取れるということがお伝えできます。

　モンテッソーリ教育の重要性は，様々な著書の中で編訳・共訳されながら，メゾットと言われる縦割り教育がこどもに与える影響なども繰り返し書かれているのです[8]。

　また，マリア・モンテッソーリは，特定の時期に芽生える特別な興味を「敏感期」と世に伝えています[9]。それらの遊びは，特別なことを示すのではありません。日々の生活の中から当たり前のようにこどもが直面する植物の水やりや物の種類分けのような例からも読み取れるものでした。

　同時に，マリアの求める保育者は，命令指導型ではなく，こどもの活動を背後から見守り必要とされる時に手助けをする，温かな太陽のような役割をもつことの大切さが記されています[10]。

　そして「こどもは自由な環境の中から可能性を見いだし自己決定を行っている」[11]とマリアは語りつづけました。そういった数々の理念を通して，文献によるマリアの考えからこども自身が導かれる理論についてわかりやすくまとめ

てみました。

　まず，本章で示した年代別著書について，マリア・モンテッソーリが時代を経過してこの世に伝承すべきとし，理論として提示した著書構想について述べてみましょう。

　全体構造として考えると，マリアは，環境の重要性を述べると同時に，実際には整えられた環境もこどものこころに寄り添う教師の存在なしには充分にはこどもの発達に役立たないことを著書の中で何度も記述したことが理解できます。

　マリア・モンテッソーリ自身はもちろんのこと，教師も「こどものこころの発見者」であることを幾つもの著書の中で関連づけて記述しています。

　特に20世紀初頭からのモンテッソーリ教育の取り組みからは，環境がこどもにとって生き生きとしたものになるためには，優しさと真の愛情深い教師の役割が欠かせないことが語られています[12]。マリアの想いは，文献を通して徐々に広がり，世の中に理解されていったようでした

　1900年初め，イタリアのローマで医師として精神病院で働いていたマリア・モンテッソーリは，知的障害児の成長に着目しました。彼女は，感覚教育法を試行し，知的に遅れのあるこどもの知的水準を上げるという効果を見せることで教育を実践化していきました。1907年設立された貧困層における健常児を対象とした保育施設「こどもの家」では，マリアは，その独特な教育法を完成させたのですが，文献においては，1960年代に紹介され，その後，生活のプログラムを導入する幼稚園や施設，モンテッソーリ教育を専門的に行う「子供の家」が設立されていったようです[13]。

　1968年発行されたモンテッソーリ著，鼓常良著『幼児の秘密』（国土社）から1970年代末の，マッケローニ著，夙川幼児教育研究所訳『モンテッソーリ博士との出会い』（エンデルレ書店）に関わる時代の背景と教育思想について考察していきますと，こどもの内面に潜む感覚とそれに関心を示すモンテッソーリの教育感が主に述べられている文献を取り上げられています。

　また，この数年では「なぜ，モンテッソーリ教育を重要と考えたかについ

て」など，著書に示されているように思われます。

　さらに，1980年代〜1990年代にかけて，著書は「こども理解」だけでなく，こどもを取り巻く家庭や母親の姿」にも着目され，変化していきました。

　こどもを観察するうち月齢，年齢ごとにこどもたちの興味の対象がつぎつぎ移り変わる点に着目し，モンテッソーリは，脳性理学に基づき，さまざまな能力の獲得には，それぞれ最適な時期があると結論付けています[14]。

　モンテッソーリ教育の特徴の一面とされる一斉教育を行わない教育形態は，こども達の自由の保証と敏感期を育むモンテッソーリ理論の視点に立つものであるでしょう。モンテッソーリは，集中して遊んでいたこどもが玩具に夢中になり，目を輝かせている姿を見て，挫折しかけた研究の道を再度探求することを目指しました。敏感期のこどもに触発され，モンテッソーリ教育が更に構築されていった出来事でした[15]。

　モンテッソーリ「子供の家」の教室に入ると，整然と並ぶ色とりどりの「教具」と呼ばれる木製玩具が目に飛び込んできます。これらはモンテッソーリの感覚教育法に基づく教材で，マリアとその助手たちが開発したものです。

　モンテッソーリ教育法では教具の形，大きさは無論，手触り，重さ，材質にまでこだわり，こども達の繊細な五感をやわらかく刺激するよう配慮がなされています。

　また，教具を通し，暗記でなく経験に基づいて質量や数量の感覚を養うことと，同時に教具を通して感じ取れる形容詞などの言語教育も組み込まれていました[16]。

　2000年〜2005年の間にここで掲載した7冊の著書は，神からいただいた教えを重んじ，モンテッソーリ教育が世界に共通して「こどもを健やかに育てる」ことへの意義と多くの人々への感謝の恵みを後の世に引き継ぐものです。

　マリア・モンテッソーリは，ルーメル神父の功績をはじめ，幼児期の祈りの重要性を述べています。こどもの精神は，こどもが吸収する精神として自然のままに導き，こどもの痛みに共感できるモンテッソーリアンであることを願いました。援助する教師自身が「自分の未熟さや足りなさ」を認め，補おうとす

るところから，こどもの出来なさへの痛みに対する共感は生まれることが伝わります[17]。

　従来のこどもは未熟，未発達，未経験であり，出来ないことが多いものです。ですから一人で出来るように教えようと大人は思うのでしょう。

　確かにこどもの「知らない」「出来ない」という実態の中には，「出来ないことのもどかしさ」が存在し，「やりきれない想い」が援助側にも充満するものです。

　だからこそ，「こどものこころを発見する」ことが必要になるのではないのでしょうか。出来ないことが出来た時の喜びは大きく，その感動は次の成長への導火線となります。そして，こどもの成長一つずつを静かに待つ姿勢も，こどもには同時に必要であることが著書には丁寧に語られています。

▍自由概念とこども理論

　マリア・モンテッソーリによると，こどもは大きな可能性のある生命力及び精神エネルギーを持つ存在であると提示されています。

　しかし，この生命力は，衝動的であり，本能のままに動くという特徴を持つものでありました[18]。従って，力を発揮させるためには，こども自身に「自由」が与えられなければならないと考えられます。

　この生命力を持つ存在としてのこどもが，大自然の中で生育する場合と，私たちの文明社会の中で生育する場合との2つの場合を考えますと，こどもに対する自由は大きく異なることが予想されます。

　すなわち，前者の場合は，私たちが持つ多くの制限はなく自由です。なぜなら，こどもが行った行動に対し，自然そのものからくる制限，自然罰の形で反応が返ってくる場合の制限が考えられるからです。

　しかし，後者の場合，自由は大幅に制限されてしまいます。私たちは社会生活を営み，数多くの文化財を持っています。

　これらの条件から生まれたある種の制限は，私たちを取り囲み，好むと好ま

ざるにかかわらず，私たちの行動に影響を与えます[19]。

こどもにとっても，この条件は同じであると考えられます。そのため，ある場合には当然禁止となり，その行動の自由は制限されてしまいます。このことから，マリアは「こどもは，自主的，自発的自己教育的な存在者であると観ましょう」と定義づけました[20]。

マリア・モンテッソーリは胎生学の知見を借り，こどもの胎生の事実から説明します。精子と卵子の結合した結果，誕生した細胞は子宮内に着床の後，周囲の環境から自らの力で，自分の生育に必要なものを知り，それを摂取しながら自らを発達させることの事実を指摘しています。

そしてこの胎児が実生の瞬間に，その特質を全て失うとは考え難いことを語りました。こどもは，誕生以後もその特質を持ち続けると考える方が自然であり，こどもの誕生後の事実に関してもマリア・モンテッソーリは語りつづけているのです[21]。

マリアによると，こどもの示す自主的，自発的な性質は，非常に重要な特質だと言われています。こどもの自主的で自発的な行動を自由にするならば，私たち大人の社会生活は乱れ，文化財は破壊される可能性も考えられます。こどもの自由が衝動的だとするならば，なおさら危険があるのではないでしょうか。

そこで私たち大人は，こどものこの行動を禁止せざるを得なくなります。

しかし，禁止や制限を加え，多くすることは，こども本来の自主的，自発的な行動を抑圧する結果となってしまいます。

以上のことは，こどもの自発的，自主的な行動を許すか，許さないかは，禁止するか，しないかにかかってきます。禁止すれば，こどもの本来の自発的，自主的な行動は消滅する恐れがあり，禁止しなければ，文化財の破壊，生活の混乱が起こり得る可能性が大きいとも考えられます。

そこで，こどもの本来の自発的，自主的な行動を禁止することを避け，こども本来の自主的で自発的な点を育てる方法がないのかという問題に到達するのです。

モンテッソーリ教育法においては，先ずこどもの自由を保障することにしました。こどもは，衝動的で無意識的存在者から，社会的，意識的存在者へと変化（進歩）しなければならないからです[22]。

衝動性を自らコントロールすることにより，こどもは社会的で秩序性のあるものへと，さらに感覚器官の自己訓練を通じて，無意識的から意識的な存在者へと変化を果す必要があると考えてみましょう。

また，こどもが知性ある尊厳をもつ存在となるためには，自らの動きを通じ，教具と出会い，精神を高め自らの人格の形成を整えていく必要性があると考えてみましょう。

これらのことから，こどもには実際に何らかの行動・措置をとることで，望ましい状態を実現・確保し，侵害から保護する保障の権利が得られます。このような自由概念とこども理論に意識を向けていくと，マリアがモンテッソーリ法をどのように理解し，理論に結んでいったかという点がわかってくるような気がします。

マリア・モンテッソーリは，謙虚に「私は教育方法と言われるものは何一つ発展させてはいない[23]」と主張しました。

マリアは，こども自身が自分の教育の中心点でなければならないことと同時に「こどもの心を中心にすべきだ」と考えていたようです。視点を転換させて観察してみると，実はこども自身が，自分はどう取り扱わなければならないかを私たちに示す方法を繰り返しているのです[24]。

人間性の発達とそれ自体の土台となっている原則を考えてみますと，こどもによれば，人間は疑いもなく，自己の人間性を発展させること以外になんの目的も持ってはいないという発見ができるのかもしれません。マリアはこれを「個の確立」と呼びました[25]。

マリア・モンテッソーリからは，人間には発達上の大原則が刻みつけられていて，こどもは大人が自分の代わりになろうとする際，その大人の援助に対して自分を守ろうとすることを語っています。指導者としての干渉や支配者としての介入に対し，こどもは，個を確立する主人公は自分自身だということに気

づき，自身を持って示すものです[26]と，マリア・モンテッソーリは主張しました。

　次の発見は，この第一原則と表裏一体の関係にあります。発達を土台にした教育の進行する原理でした。モンテッソーリはこの原理について，「自分一人で振る舞えるよう私に教えてほしい」と定式化しています[27]。

　こどもが大人の援助から自立することに成功しないならば，そのこどもは，知的にも道徳的にも，充分に発達することができないと，現代では言われています。

　モンテッソーリ法に含まれている視点の転換として紹介されます「こどもの心を中心にする」とは，こどもの発達に関わる場合，一人ひとりのこどもが「個の確立」をたどれるよう，こどもの欲求に対し，適切な環境を創ることや，こどもに対する大人の態度を刷新することが同時に必要となります。

　こうしてよく構成された環境のもと，こどもが自ら主人公となって自由に振る舞うことができ，自分で適切な活動動横を見出せるようにすると共にこどもを意味もなく防御しこどもの欲求をわかろうとせずに活動させるということをしない大人と接すること[28]をモンテッソーリは提案していたのでしょう。

▌新しいこども

　こども自身が教育の中心点となると考えると，そこに「新しいこども」が姿を見せ始めることを，モンテッソーリは自分たちの豊富な経験を踏まえながら主張しました。

　こどもは時間を浪費したりせず，遊びと共に，立派な観察者となり，活動に際しては，信じがたいほど誠実になります。また，心を集中して活動していくうちには自分の動きをコントロールできるようになります。

　さらに，静けさを愛し，他の仲間と争うことなく，心から喜んで，他の人の言うことをよく聞くようになるのです。

　このような通常考えられているこどもとは異なるこどもの姿に出会うことに

より，モンテッソーリは「こどもの中に，今まで知られていたのとは別のこどもがいる[29]」と感嘆の声をあげたのでした。

これらのことは全てこどもとその環境との間で生まれています。また，こどもと作業との間で生じるものです。それは，大人が指導者として干渉したり，支配者として介入したりすると決して起こりません。

反対に，大人はこどもと接触することを通して自分自身の中になにか新しいもの，なにか特別なものを感じ取り，こどもに手や口を出すのを控えるようになるかもしれません。大人の中に一種の謙虚さが芽生え，私たちは『この子は私が直接手助けをしなくても，励ましを与えなくても，一人で本当にたくさんのことができるのだ[30]』と考えるようになることでしょう。

このようにマリア・モンテッソーリは，新しいこどもが今度は大人を本来の姿へと変容させていくことをモンテッソーリ法として，人々に伝えています。

さらに，モンテッソーリは「こどもの望ましい真の成長は，環境との出会いなくしては果たされない[31]」と述べています。では，こどもとはどのような存在であり，環境が重要であるならどのようであれば良いのでしょうか。

マリア・モンテッソーリは基本姿勢として「こどもの観察」と「こどもと共に学ぶこと」を示唆し続けました。

そして，自由が保障されているこどもを直接観察することだけでこどもの目に見えない内部に存在する（内的生命の或る法則）があることを判明したのでした。そして，その後この法則が価値あるものであることを発見しました。

マリア・モンテッソーリは，こどもは誕生の時から活動的な精神的生命を持ち，こどもの未来の人格の構成設計を自らの内に担いながらそれを創造するように運命づけられた潜在的な能力であると示しました。しかも他の科学的な事実と学説をもって言及しています。

例えば，こどもは特色として「ホルメ」と「ムネメ」とを持っています[32]。

この用語はパーシイ・ナンによって，そう呼ばれたものですが，後に心理学者 W. マクデューガルによりその「心理学」の中に採用されています[33]。

マリア・モンテッソーリによると，こどもは，はっきりと機能的自立を目指

す傾向を示すと語られています。「発達は大きな自立へ向かう衝動であり，生体が発達する間に，道中の障害を一つずつ克服して進み，自ら完成させていくのです。決定的な力になるのは，個人の活動であり，進化への方向づけを行っていきます。

　この力は心理意識の領域においては「意志力」がそれに相当すると言われています。本来，意志力は個人の意識に結びついているものですが，「ホルメ」は生命全体に関係するものであり，進化を促す神秘な力と言うべきでしょう。モンテッソーリは，次に「ホルメ」がこどもを刺激して様々な活動を起こさせ，いろいろな面で次々と自立を達成していく力であると述べています[34]。

　さらに詳しく述べますと，こどもは，自然の指令に従い，自分を取り巻く人間からの自立を広範囲に渡り獲得していき，ついには精神的自立の獲得をも望む時点まで到達していきます。そうなると，他人の経験ではなく，自分自身の経験を通して自分の精神を発達させようとする傾向を示して，幼いこどもなりに物事の理由を探検し始めることになります。

　このように，モンテッソーリは「ホルメ」を内発的，生命現象として捉えているのです。

　次に，マリア・モンテッソーリは「ムネメ」については，こどもは成人とは違った心理形態を持っていて，我々大人とは異なる環境とは異なる環境で関係を保っていることを示唆しました[35]。

　園で例えるならば，教師は環境に驚きを示したり，後でそれを思い出したりするものですが，こどもはそれを自己の中に吸収するものと言えます。こどもの場合は見たものを思い出さないのですが，見たものが精神の一部を形成すると言われています。見聞きするものは，こども自身の中で栄養となります。

　教師は，環境を思い出すだけのことがありますが，こどもは環境に適応することをマリア・モンテッソーリは伝えています。これは，「ムネメ」と呼ばれる一種の記憶の働きによって可能になると著書には書かれています。このように，意識的に思い出しはしないのですが自分の生命そのものの中に像を吸収するという極めて重要な記憶の特殊形態をマリアは言及しています。

　そして，マリアは自然な発達とは精神面ばかりでなく肉体的な面でも様々な段階の一連の自立を達成することであることを示しもしました[36]。

　次にモンテッソーリは，こどもの精神とは大人とは異なった種類のものであり，違った方法で働くものであることを指摘しています。大人が知性によって知識を修得するのに対し，こどもは精神的肉体的全生活を通じて知識を吸収するものです。形に現れることでは，こどもの心に浸透するばかりではなく，それを精神的働きの具体化されたものとなり人格を形成していくのを見ることが出来る[37]と，マリアが述べることは，とても興味深いことだと捉えています。

　私たち大人は，無意識のうちに自分の持っているこどものイメージとその性質をこどもに当てはめてしまうため，こどもの心に近づいたと思っても真実のこどもが見えないと，マリア・モンテッソーリは語っています。

　私たちが，時にこどもを「大人を小さくした存在である[38]」と思い込まないように，私にはマリア・モンテッソーリから指摘されていることのように感じられます。

▌現代社会の変動と親子関係

　幼な子の教育が重視される現代になりました。同時に世の中に多くの問題を抱えるときでもあります。

　こどもの教育は万能ではありませんが，社会的に期待されるところ大きい機能ではあるでしょう。

　2000年当初から文部省を先頭に「生きる力」「心の教育」など，しきりに叫ばれ，20年が経過しました。十数年の間に大震災や様々な悲しい出来事が起こり，人々の心の平和は徐々に失われて行きました。

　親子関係においてさえ生命の尊さが軽視されていることも報道され，虐待件数は増加に歯止めがかかりません。

　さらに，近年，父親の子育て参加の必要性が広く認められているようです。

　これに関しては，男女平等や母親の育児負担軽減にも影響があると考えます

が，それ以上にこどものこころの発達を考慮し，父親が子育てをすべきという理論が構築されていくように感じています。

　幾つかの学者説になりますと，乳幼児の発達においては，母親の影響とは別に父親の影響も存在することがわかってきました。また，発達の領域によっては父母で与える影響が異なる可能性もあるようです。

　母親は子育てに極めて重要な役割を果たすと言われていますが，父親も主体的にかかわる必要があるのではないのでしょうか。

　全国の子育て支援室では，このようなことを踏まえ，「親父の会」が発足されているようです。

　0歳からの教育効果として，アタッチメント（愛着）理論の観点から考えてみることが必要な気もします。アタッチメント理論によれば，こどもは赤ん坊の時代から主な養育者との関係を通して，自尊感情や人間関係に期待するイメージを形成していきます。スキンシップもとても重要な営みです。

　こどもは，父親の匂いに触れ，愛着を存分に得ながら，育ってほしいものです。次に，お父さんとの関わり・お父さんへの憧れを写真（**図2-1**，**図2-2**）で示しました。

　父親との関係が疎遠であったり，関わってもらう時間・声掛けが極度に少な

図2-1　「嬉しいな，タカイ タカイ！」

図2-2　「僕，お父さんみたいになりたいな」

かったりした場合，こどもは自分が親密な関係を結ぶのに相応しくないと0歳の赤ん坊の頃から無意識の内に思うものかもしれません。その後，どこかに孤独を感じながら成長していく可能性もあります。

　1990年代から，父母の夫婦関係と子の無気力さとの関係が指摘されてきているようなことも聞いています。

　父親の養育態度の温かさは，子育てにかかわり，家庭で情緒的なサポートをする姿から生まれていきます。養育態度の温かさは，夫婦間の情緒的な絆だけでなく，親と子の絆を養います。父親の子育てへの参加は今後さらに重要になると思われます。

▌0歳からの教育メソッド

　「生命の秘密」を持つ乳幼児に援助を与えるマリア・モンテッソーリによるこの教育メソッドは，日本の教育界にも大きな影響を与えました。

　2013年現在，日本には6,400あまりのモンテッソーリのディプロマ取得者が存在し，モンテッソーリ教育を行う園は420ほど，モンテッソーリ教育を何らかの形で取り入れている園は2,000を超えるといわれています。

　文献においては，モンテッソーリ協会事務局長鈴木弘美氏などの訳者により，1993年『子供の何を知るべきか』他，翻訳がみごとにされ，出版に至るものが数多くありました。

　本来，神は，人間を神に似せて創造されたと教会のシスターからお聞きしました。神は人間独特の知性と自由意志を兼備されました。植物も動物も，どの生き物にも与えられなかった人間独特の知性と自由意志をこども達は備え持っています。知性と自由意志のどちらもが正しく培われ，成長していきます。

　それは特別なことでなく，環境の中で構築されて行くこどもの知性とこどもの自由意志は，こども達の生きる力の基盤となるものであるとも考えられます。

　さらに，この基盤造りこそが，モンテッソーリ教育の意義であり，こどもが

人類を創っていく存在であるという次世代育成力の要のように思われます。

世の創造を担うこどもの「こころの発見者」として，教育の推進を掲げ，こどもと共に生きる親や教師の在り方こそ今日的意義であることをモンテッソーリは文献を通して訴え続けているのではないのでしょうか。

今から7年前，2013年8月25日，筆者は日本福祉図書文献学会で口頭発表をさせていただいたことがありました。その際，質疑応答を受けましたことをふと思い出しています。

「モンテッソーリ園と一般の公立幼稚園で育ったこどもが同じ小学校に行った時，差はありますか？」という質問でした。

私は，その場で「差はありません」と答えたことに対し未だ自問自答しています。

公立小学校の調査によりますと，確かに小学校教諭に聞いた際には「こどもの姿においては，特別な変わりや差は見られません」という答えが返って来ましたが，実際にはモンテッソーリ園で教えを受けたこどもは他の園のこどもよりも落ち着きがあり，何かに集中する時間が長いと思われます。

なぜならば，モンテッソーリの著書の中でも書かれていますように「整理された環境と教師」がこどもの内面からを育てて行くと信じるからです。

「1年生のこどもにおいては，差がないという見方で同じように育てていこう」とスタートする小学校教育では，「差がある」というお答えは言えないものかもしれません。しかし，私には「善い環境の中でこどもを育てたい」というマリア・モンテッソーリの願いは，細部に渡り，保育室の秩序を保っているように感じ取れます。

自由と秩序はコインの裏と真の様なもので切り離しては考えられません。秩序のないところでは，モンテッソーリ教育は存在しないとさえ言われています。

モンテッソーリ教育の現場における秩序としては，環境内の秩序を生むため，まず，物には置くべき場所が定められ，物を大切にすることが必要とされるでしょう。物は全て遊ぶに必要な場所においておきましょう。

　この秩序は，あらゆる方法で表現され，秩序に助けられて発達するこどもたちの成長の度合いに合わせ，いろいろな知的レベルで表現されるものであるでしょう。

　いま，社会を生きる人々に価値志向の秩序感が少しずつ失われつつあります。社会的な多様性はそれなりに進歩していますが，その基礎には文化的存在である人間の生き方に秩序感がなければならないはずです。

　秩序感回復のために，私は乳幼児期からのモンテッソーリ教育が果たす貢献の可能性をいま一度考えてみたいと思っています。

　こどもをよく観察し，些細なことでも秩序が損なわれないように常に気を配っていくのが教師の重要な役割となるのでしょう。

　本章では，人々に，モンテッソーリ自身が「こどものこころの発見者」であり，深くこどもの理解に入り込んでいったことを，一冊ずつのモンテッソーリ著の作品より読み取っていただきたいと願っています。

A Theory Handed Down Through The Literature Of The Method of Montessori:
A discoverer of children's heart

Maria Montessori, the first female Doctor of Medical Science, was born in Italy, 1870. Her early specialty was the study of development of handicapped children in poor areas. Since her mission was to give them the opportunities to study as healthy children, she deeply observed children, made many literatures, and handed it down. During 46 years-from "the school of Montessori" was founded in 1906, to her death in 1952-, she had many worries for her enterprise. Her life can be regarded as big achievements. Her literatures tell us "children themselves", which are founded in their hearts. Over the years, Montessori handed down the important theory for children's education as "a discoverer of children's heart". At the same time, the trust of the essence of human vitality from many her works charmed many researchers. She devoted her life to helping handicapped children and setting them right. The fact that she started as a doctor-she didn't have educational essence first-had advantageous effect to improve the method of Montessori, because she could have both emotional way and logical theory. She stepped into deep mental world, which other conservative researchers couldn't reach, published many works, and tried to understand children with much determination and energy.

引用文献・注

1) モンテッソーリ著　鼓常良著（1971）『こどもの発見』国土社．pp.78-79.
2) P. オスワルト，G. シュルツ・ベネシュ編　平野訳（1974）モンテッソーリ教育学の根本思想』エンデルレ書店，p.16.
3) モンテッソーリ著　坂本堯訳（1970）『人間の形成について』エンデルレ書店．p.33.
4) E. ハインストック　平野智美監訳（1988）『モンテッソーリ教育のすべて』東信堂，pp.128-129.
5) AMI から友好関係団体として承認され 1968 年に発足した。上智大学にて教員養成コースを開設公認し，後にいくつかの団体に別れ，養成コースを開講している。日本におけるモンテッソーリ教育研究者間の連携・共同によりモンテッソーリ教育原理と実践を研究し，その普及を図ることを目的とする。
6) 市丸成人著（1976）『モンテッソーリ教育学入門』学研．p.33.
7) 同上書．p.84.
8) ヘレネ・ヘルミング著　平野智美・原弘美共訳（1982）『モンテッソーリ教育学』エンデ

ルレ書店，pp.98-99.

9) 同上書，p.79.

10) 同上書，p.85.

11) 同上書，p.92.

12) P.P. リラード著　いいぎりゆき訳（1979）『なぜ，今，モンテッソーリ教育なのか』エンデルレ書店，pp.75-76.

13) 前掲書 4）pp.104-105.

14) モンテッソーリ著　鼓常良著（1968）『幼児の秘密』国土社，p.97.

15) 同上書，pp.131-133.

16) モンテッソーリ著　中村勇訳（2004）『こどもの精神―吸収する精神―』日本モンテッソーリ教育綜合研究所，p.124.

17) 同上書，pp.70-71.

18) 同上書，pp.98-99.

19) フレーベル　荒井武訳（1978）『人間の教育　上』岩波文庫，p.11.

20) 同上書，p.125-126.

21) モンテッソーリ著　阿部真美子訳（1990）『自発的活動の原理』明治図書，p.124.

22) 相良敦子，池田政純，池田則子著（1990）『こどもは動きながら学ぶ』講談社，pp.64-66.

23) 前掲書 6）pp.68-69.

24) 前掲書 8）pp.102-104.

25) E.M. スタンディング著　K. ルーメル監修　佐藤幸江訳（1975）『モンテッソーリの発見』エンデルレ書店，p.128.

26) 同上書，pp.129-130.

27) 相良敦子著（1985）『ママ，一人でするのを手伝ってね！』講談社，p.48.

28) マイクロ・グロス著　正田幸子訳（1982）『モンテッソーリの人格観』エンデルレ書店，p.52.

29) 同上書，pp.124-125.

30) 前掲書，8）p.95.

31) R.C. オレム著　三谷，山崎，穴沢共訳（1982）『今日のモンテッソーリ教育』明治図書，pp.103-104.

32) 前掲書 16）pp.105-106.

33) 前掲書 16）p.132.

34) 前掲書 16）pp.133-134.

35) 前掲書 16）pp.136-137.

36) クラウス・ルーメル編著（1993）『モンテッソーリ教育の道』学苑社，pp.28-29.

37) ソフィア・カバレッティ著　クラウス・ルーメル，江島正子共訳（1998）『こどもが祈りはじめるとき―モンテッソーリ宗教教育』ドン・ボスコ社，pp.87-88.

38) 松本静子著（1993）『モンテッソーリアンと生きる』学苑社，p.54.

第3章

０歳からの心を育む 絵本研究

創作絵本を通した読み聞かせから

０歳からの人のこころ

　社会の変化はこどもが育つ環境はもちろんのこと，美術教育にも大きく影響を与えています。昔地域社会が備えていた教育機能は徐々に衰退し，地域の遊び場はビルに建て変わり，群れ遊びを共にする仲間がいない社会になりました。

　自然に触れあう機会は大人が設定しないと得られなくなり，遊びはテレビゲームに傾くこども世界になりました。

　マリア・モンテッソーリ（Maria Montessori1870-1952）の縦割り教育が日本の国で見直され始め，大学から学生が体験する実習園でも絵画・ものづくりに異年齢の遊びが取り入れられています。

　本章では，０歳からのこどもの育ちを支える環境へ着目しながら，こどもを救い，見つめる保育者のまなざしを基盤に絵本読み聞かせについて探っていきたいと思います。

　こどもは，１歳半ごろから２～３歳にかけ語彙を急速に増していきます。それは，日常生活の中で他者とのコミュニケーションを通した言語的なやりとりや，テレビを見たり絵本を読み聞かせられたりする中で語彙を習得していくからです。そして，自分からも積極的に語を導き出そうとして自己流の言葉を自発語として発していきます。

　しかし，近年の社会情勢では，核家族化や両親の共働きなどの家庭環境に伴い，親子のコミュニケーション不足は基より，周りの大人とのコミュニケーション不足も増加傾向にあり，こども達の環境に大きな影響を及ぼしているよう

に思われます。このような社会におけるこどもの育てに対して，保育者の役割は極めて重要と言えるのではないでしょうか。

　近年，日常的に実践される保育内容においては，言葉や人間関係を身につける環境を前提として行われるカリキュラムが今まで以上に必要となりました。同時に，このような時代であるが故に，姿・形に見えず内側に潜んでいる乳幼児の心の育ち（感性育成）が求められているように思われます。

　こども達の中に同年齢でありながら，言葉の発達や動作の違いに大きな差があり，家庭環境の違いや個々の特性によるものであるとも推測できるのですが，ここでは保育内容を通じ，保育者との関わりの中で，こども達のその差を埋めるための保育とはどうあるべきなのかを考えてみましょう。

　こどもは，1歳を過ぎた頃から驚くほど言葉を覚え，会話や話が上手になる子もいれば，3歳になっても片言しかしゃべれずにいる子も存在します。ただし，それはあくまでも保育園・認定こども園にいる時のこどもの姿で，帰宅後はまるで別人のようにしゃべりだす子もいるようです。

　自我が芽生えてくる時期のこども達は，イギリス出身の医学者であり，精神科医・精神分析家であるジョン・ボウルビィ（John Bowlby, 1907-1990）の研究「親子の愛着形成」に伴い，自分の安心出来る範囲を保ったり，見知らない人を恐れたり警戒するといった人見知りが始まる時期だからこそ，環境の違いに特に敏感であると思われます。

　「三つ子の魂百まで」の諺のように，心身の発達途上にある乳幼児期は人間形成に必要な基礎が培われていく大切な時期であり，私は，絵本との出会いは大変価値あるものであると考えています。

　人間形成の基礎となるものは豊かな心情であり，乳幼児が適切な環境の中で様々な体験を豊かにすることによって育まれると考えられます。とりわけ「生きる力」の基礎ともいうべき生命を尊重する心，他者への思いやりや社会性，美しいものや自然に感動する心などの豊かな人間性の育成をめざし，心の教育の充実を図っていくことが極めて重要な課題でもあるようです。

　このように絵本は，こどもにとって有効と言われる時期にこどもの身近な環

境にあり，絵本と出会う時期は心を育てる時期とも言われています。

　乳幼児にとっての絵本体験は，日常生活の中では体験できないようなたくさんのことを直接・間接に体験するための素晴らしい方法であり，なによりも深い感動体験の積み重ねが乳幼児期の感性を豊かに育んでいくと思われます。

　また，読み聞かせによる語りのリズムや目に映る絵本の映像が乳幼児の成長過程にある柔軟な頭脳を適度に刺激して「知識」「感受性」「想像力」を育てる働きをしてくれるのです。

　これがやがて本格的な読書の基礎になるといわれ，乳幼児期により良い絵本に出会わせることの意義は図り知れないものがあると考えています。

　私の研究では，乳幼児期の発達と絵本体験のもつ意義をこどもの一番身近に位置する母親から捉えることにしました。同時に，家庭と園との連続性を繋ぐ人的環境である保育者が乳幼児にとってかけがえのない存在であることを念頭におきながら「乳幼児の豊かな心を育むこと」をねらいとしました。

　具体的には読み聞かせを行う温かな保育者や母親の眼差しが絵本と乳幼児の心の距離を近づけていくこと，そして，母親自身にも育ちの願いを持ちました。

母親と絵本体験

　乳幼児が毎日家庭において潤いの持てる生活を送るためには，母親との触れ合いが重要であると言われています。温かな母親や，保育者から読み聞かせてもらう絵本・物語は自然発生的にこども達にコミュニケーション力を養い，信頼関係を築いていくものと考えられます。

　それら児童文化は，こどもの発達に見合ったものが望まれますが，様々なジャンルのものがあってもよいとも考えます。

　0歳〜2歳児を持つ母親は，どの程度こどもの頃に絵本に出会っているのでしょうか。また，読書好きかについて調べてみました。

　幼稚園・保育所・認定こども園でほぼ毎日読まれる絵本に着目しながら，乳

幼児の心を育くむことに結ばれている数多くの絵本，それ以外，少し観点の違う創作の絵本を取り上げてみました。

今回，０歳〜２歳児を持つ母親の絵本との出会いを調べた結果，こどもの頃に読み聞かせをしてもらったと回答した人の「読書が好きですか」という質問への回答は，「好き」と答えた母親は 61 ％，「嫌い」と答えた母親は 19 ％でした。それに対して，どちらでもない以下の回答をした人の「読書が好きですか」という質問への回答は「好き」27 ％，「嫌い」56 ％でした。

これらの結果から，母親に対しても小さい頃の読み聞かせは「効果があった」ということが導かれました。

こどもにとって「絵本を読んであげる」「お話をしてあげる」ということは，絵本の中のどんな主人公にもなることができ，出会うことが出来ることです。様々な登場人物との出会いに胸を踊らせ，時空を越え夢や冒険が全部叶うのですから，絵本の嫌いな子は一人もいないはずです。

このように登場人物と同じように考え，同じように走り回ることができるという登場人物との同一化の特性は，幼児期の人格的な発達，生活習慣や態度の形成などにとって極めて重要なものであると言えるでしょう。

こどもは，教師や他の友達と共に，お話の世界を間接体験しながら感動を共有し，人としての優しさ，思いやりなどの豊かな心や想像力などを育み，夢や冒険心を満たしていきます。

さらに，こどもは，絵やお話の持つ力によって自らの感性を豊かなものにしていくことが理解できます。

絵本はこどもが最初に出会う本であり，長い読書生活を通して読む本のうちで一番大切な本です。その子が絵本の中で見つけ出す楽しみの量によって，生涯本好きになるかどうかが決まることもあるでしょう[1]。

また，文字が読めないこどもは絵の力を借り，物語をイメージし，自分なりに理解しようとします。物語の絵について要約しますと，絵は一場面ごとに独立しているのではなく，ある場面はこどもの興味を引き出し心に焼き付いていきます。こどもにとって善い絵本とは想像力を豊かにするものです。

　具体的には一つの場面から次の場面へ繋がっていく期待感は大きく，こども
の夢を育てています。

　こどもは始めから一人で絵を読みたい気持ちにはならないものです。
　まずは「母親が読むこと」が重要課題であることも私が伝えたいことの一つ
です。母親代わりの存在である先生の読み聞かせにも同じことが言えます。
　一緒に絵本を読むことからこどもは絵本読み聞かせの喜びを体得します。
　「本を読む」ということも食物と同じように，記憶，理解と認識により，読
んだものや事柄が知識となり，こどもの情緒を養い，それらの過程を通して心
の成長を育んでいきます。長い歴史の淘汰を経て文化となる絵本にはこどもを
引きつけて離さない力があることも忘れてはならないことのように思われま
す。
　さて，これらに関連し，思い出したことがあります。6年前にもなりますが，大学美術教育学会発表の際，スペインの研究者より「日本の絵本は外国の
絵本に比べて文字数も少なく遅れがあるのではないか」と質問を受けました。
　確かに現代の我が国の中には単発の言葉なのですが，言葉の使いの粗さから
心を寒くさせるような絵本に出会うこともあります。しかし，そのような絵本
がなぜか売れている場合もありました。世の中全体が言葉の大切さを忘れつつ
ある状況にある場合も予想します。
　母親を媒介としてこどもが触れる絵本は，母親の教育的支援が必要にも感じ
ています。反対に，外国では「優れている」と言われる絵本も，幼いこどもに
とっては生活習慣の違いから充分な理解を妨げられることが多々あるようで
す。
　こういったことを踏まえて考察しますと，こどもに創造性を求めない限り
は，善い絵本に出会っても絵本の価値を伝えることは難しいとも思われます。
　こどもに絵本を無理に与えると絵本嫌いになることも考えられるでしょう。
　良き絵本は，目には見えないのですが生命が宿っているようです。乳幼児に
は時折「昨日は興味を示さなかったのに，今日は示している」という姿が見ら

れるものです。また，同じ姉妹でも「姉は面白がったのに，妹は見向きもしない」という絵本も存在しています。

　幼い日に読み聞かせてもらった絵本が成長したこどもにとって豊かな実りを結ぶものであったかどうかの見極めは，長い時間を要するものだと考えています。

絵本の教育的意義

　乳幼児は大人と違って，それによって何かを得ようとか，役立たせようと思って読書をするのではありません。まず楽しませ，それによって絵本好きにすることが大切なことのように思われます。こどもの興味と関心，生活経験を的確におさえ，それらにふさわしく形象化された絵本は，こどもの心を捉えて離さないものでしょう。

　また，絵本の中の練り上げられた文章は，日本語の美しさと物語の楽しさを伝え，場面をたくみに表現した絵本の絵は，内容をいっそう膨らませてくれるものです。

　幼稚園教育要領に示されている目標の中に「(5) 多様な体験を通して豊かな感性を育て創造性を豊かにすること」とあり，言葉の領域の中にも，「絵本や物語などに親しみ，先生や友達と心を通わせる」「興味をもって聞く」「想像する楽しさを味わう」「数多く出会う」「イメージや言葉を豊かにする」などの文言があります。

　それらのねらいは，絵本読み聞かせの繰り返しの体験があってこそ達成されるものです。「僕と同じ」「私もそう思う」というような会話が自然に生まれ，絵本に出てきた生き物やそのこどもの好きな登場物に関連して家庭での出来事と結びつけ，時には絵本のイメージからこどもなりの善悪を感じとるようにもなるでしょう。

　絵本の教育的意義についてはいろいろなことが言われていますが，ここでは集約して次のようにまとめてみました。

① 心の開放につながる
　・読み手との心の触れ合いがあり，喜びや楽しさをこどもに与える
② 思考力・イメージを広げ豊かな心情が育つ
　・知的好奇心や科学性の芽生えを育むと共に，規範意識や道徳心を得られる
　・語彙が増え，話す力や言葉の表現などの言語能力が豊かになる
③ 集中して話を静かに聞き，読書についての意欲や態度が育つ
　・繰り返し読んでもらえることで内容を味わい経験を再認識させる
　・物を大切に扱い，整理整頓をする習慣を養う
　・こどもの成長が把握できる

　次に，望ましい絵本の選本と読み聞かせについて述べることにします。

　絵本の種類には，物語絵本，認識絵本，科学絵本，生活指導の絵本，昔話絵本，詩や歌などの言葉の美しさを感じさせる絵本，文字のない絵本などがありますが，こどものペースで選ぶことが大事です。

　また，こどもの発達や興味関心に合わせ，計画的に選本する必要があることも確かなことです。

　さらに，絵本を選んだ際，保育者や母親は，必ず下読みをして物語の内容や大筋を掴んでおくことが大事なことと言えるでしょう。

　絵本に真剣に見入っているとき，こどもは主人公になりきって，お話の世界を楽しんでいます。お話を楽しむことが本好きになるための大事な基本なので，質問によって現実の世界に引きもどすことは，好ましくありません[2]。

　一冊の本を読んでもらったとき，こどもたちの心は感動に満ちているものです。その感動を壊さないようにしましょう。感動する心を，そっと見守ってあげることがこどもを本好きにする秘訣であると思ってください。

　こどもが心で思っていても，ことばに表現することは難しいことです。「どう思った？」「なぜ？どうして？」などの問いかけがあると，こどもは安心して物語を楽しむことができません。

　こどもの自然なつぶやきや話し掛けを教師や母親がうなずきながら聞いてい

くと，こどもはますますのびのびと自分の世界のイメージを膨らませてその中に入りこみ絵本を楽しむことができていきます[3]。

---

① テーマがわかりやすくおもしろい絵本
　・こどもにとって身近であり，知的好奇心を満たすもの
　・こどもの空想力を刺激したり，探求心や自己拡大欲を満たすもの
② 絵にぬくもりが感じられ，色や形の大きさに配慮した絵本
③ ストーリーの起承転結がはっきりしていてわかりやすい絵本
④ 絵と文のバランスが良く，結末に不自然さのない絵本
⑤ こどもの発達段階に合っている絵本
⑥ 読み手が興味を持ち，愛情の持てる絵本

　絵本読み聞かせ指導の留意点としては，こどもに「絵本を見たい」という感情を起こさせるような雰囲気をつくることが望まれるものです。

　美しい色彩，新しいもの，めずらしい絵本は，こどもの知覚や好奇心を刺激します。保育の中での絵本との出会いは夢のあるものにしたいと教師は考えることでしょう。

　また，こども一人で見る時，友だちと見る時，先生と見る時，見る場所によっても，こどもの表情は同じではありません。その表情の変化や動きを見逃さないようにすることが大切な点であると私は考えています。

　絵本を通して，こどもの話し合いの場を持つとき，保育者はこどもから様々な教えを受けることができます。

　絵本のお話を通して日常生活の中での出来事を考えさせ，見たこと，感じたこと，考えたことを言葉や身体で表現しやすいような場に心掛けることに気がつくことも予想します。

　思いつきで与える絵本ではなく，絵本指導の年間計画を立てて活用することも重要課題であり，特に幼稚園教育要領における絵本の位置付けは特に重要なものです。長期的に発達を見通し，年，学期，月，などにわたる指導計画やこれらとの関連を保ちながら，より具体的な乳幼児の生活に即した週，日などの

指導計画については，乳幼児の生活のリズムに配慮し，幼児の意識や興味の連続性のある活動が相互に関連して幼稚園生活の自然な流れの中に組み込まれるようにすることを忘れてはならないように思います。

　絵本は単に想像力を育てるための素材だけではなく，人間性の啓発，言語能力の育成を促すものです。思いつきでなく幼児の環境，発達に考慮した計画的な指導が大切であることも覚えておいてください。

▍読み聞かせの実践

　読み聞かせの「語り」は，こどもたちとのコミュニケーションの場であり，語っている時のこどもたちとの心の交流を大事にするものです。同時に，話のイメージをしっかり掴み，ごく自然な声で心をこめて，きちんとそのまま伝えることが大切であると考えています。

　感性育成絵本の実践事例として，次のような場面を捉えてみました。

　子育て支援室・こどものアトリエ「ばら園」での絵本読み聞かせ実践です。

対象：2歳児（8名），3歳児（11名）・4歳児（10名），5歳児（12名）の合計
　　　41名

調査方法：アトリエにて保育者による「絵本読み聞かせ」を行いました。

　母親による「読み聞かせ」・園長による「読み聞かせ」も合わせ，年齢別の乳幼児の反応と言葉からこどもの理解を探っていきました。母親が絵本を持ち帰り，各自のこども（兄弟・姉妹も含）に読み聞かせを行ったこともあります。

創作絵本A「きょうのてんきはどうなるかにゃ？」

絵：保田早紀　文：保田恵莉

―3匹ネコの話について―

ここでは，「晴れの日・曇りの日・雨の日」という内容から，乳幼児の興味と楽しさを自然に引き出しています。作者は，絵本をこどもの教科書に見立て母と子がフンワリとした優しさを感じとってほしいと願いました。

創作絵本 B「ネコのしあわせ」

絵：保田早紀　文：保田恵莉

同じく「3匹ネコの話」絵本Bでは「しあわせ」という「感じ方」を知らせることにねらいを持ちました。こどもなりに気付いてほしいと願う「しあわせ」の優しい気持ちを育てていきたいという願いからシリーズ1と2とし，創作しました。それぞれ同じ絵を組み替えて物語の新たな展開を楽しんでいました。

絵本画像①　　　　　　絵本画像②

創作絵本 A「きょうのてんきはどうなるかにゃ？」

①　ネコさんは晴れの日が好きです。

②　それは，友だちと外で元気に遊べるからです。

創作絵本 B「ネコのしあわせ」

①　ネコのしあわせは，大好きな友だちと遊ぶことです。

②　おひさまありがとう。友だちと遊んだら元気になったよ。

絵本画像③　　　　　　絵本画像④

創作絵本A「きょうのてんきはどうなるかにゃ？」

③　ネコは曇りの日も好きです。

④　それは，雲がお魚の形に見えるからです。

創作絵本B「ネコのしあわせ」

③　ネコのしあわせは大好きなものを食べることです。

④　雲さんありがとう。お魚を食べたら元気になったよ。

絵本画像⑤　　　　　　　絵本画像⑥

創作絵本A「きょうのてんきはどうなるかにゃ？」

⑤　ネコは雨の日も好きです。

⑥　それは，いつもはあえない友だちのカタツムリくんにあえるからです。

創作絵本B「ネコのしあわせ」

⑤　いつもはあえない友だちにあえることです。

⑥　雨さんありがとう。カタツムリくんにあえたら元気になったよ。

　以上から，2歳児（8名），3歳児（11名）のこどもの読み聞かせから分かったことを書き留めてみました。

・「場面の繰り返し」を喜ぶ。
・ネコの「雲がお魚に見える」ところに笑いがおき，何度も見たがる。

・ネコの色が違うことに気づき，「○○色のネコちゃんだ！」と言葉や絵で表現したがる。
・母親との共感（コミュニケーション）を心地よく感じる。

　4歳児（10名），5歳児（12名）のこどもの読み聞かせから分かったことは，次の通りです。

・「晴れ・曇り・雨」という天気について関心を示し，「自分の好きな天気とネコ」という総合的な見つめ方ができる。
・「雨の日には普段はあえない友達のカタツムリくんにあえる」というところに着目できるこどもがほとんどである。

　こどもは，持っている力（資質や勧）を働かせることで，自分らしさを発揮することができます。

・こどもの心が動くチャンスを持ち，自ら進んで多様な見極め方を試みる。
・こどもが仲間と共に絵本に触れあえ，絵本読み聞かせを楽しめるよう，「場の援助」等，していく必要性を感じる。

　乳幼児期は，生活のなかで様々なものとかかわりながら，その世界を広げていくことがわかってきました。

・人や物とかかわる力は，幼児期に育てたい大切な生きる力である。
・こどもは，物語のネコを時に自分と見なし，「ネコの友だち」を「自分の友だち」と重ねて感じとっている。
・受ける影響や反響の観点ではなく，想いがどこに込められているか，こどもの表情や呟きをしっかりと把握し，ありのままに見るという見方をすることが大切である。個人の感性だけで鑑賞するのではなく，完成された芸術作品として絵本を読み聞かせる姿勢を大事にする必要性がある[4]。

　このように「絵本読み聞かせ」の体験からこどもは，感性と向き合っていくものであることが理解されてきました。

・素直に自分の感情を表現するようになる。
・絵本を積極的に母親に提唱し，教育現場に活用することについては充分に保証されなければならない。
・思いやりと優しさの感性の育ちがこどもの姿から伝わる。

　また，絵本読み聞かせから母の膝元で読み聞かせる意義について，私たちはこどもの心に寄り添い考えていくことがいかに重要であることかに気付きました。

創作絵本C「ねこくんのハッピーバースディー」

絵：まつばやし　さき　　文：やすだ　えり

　この絵本を幼い0歳からのこどもたちに贈りたいという筆者の想いが込められた創作絵本です。

　松林早紀（まつばやしさき）は，私と主人の末っ子です。結婚し，「やすだ」から「まつばやし」に名字が変わりました。

　彼女は，音楽が好きで京大合唱で知り合った夫と音楽・美術という感性教育を続けています。「感性」というものは，美術だけで養われるものではないのでしょう。早紀は，京都市の中学校教員をしながら子育て中のため教育を休み，第2子の男の子がもうじき生まれます。彼女の描く絵は「猫」を主人公とするものが多く，「可愛い」と学校の生徒さんたちにも愛されてきました。

　もうじき，最愛の夫（和也）と共に0歳からの教育に突入しますが，温かな絵本製作は是非今後も母子で続けていきたいと願っています。

　思いやりの気持ちが，温かな家庭・家族の中で育ち，関わる保育者・母親が愛情深く読み聞かせてほしい創作絵本には私と早紀の願いを込めました。

　乳幼児の感性を他者とのかかわりの中から気付かせ育てることをねらいとした絵と物語です。

読み聞かせの調査方法「ワークショップの開催：こどもの感性を絵本読み聞か

せの後，参加者の母親の感想を基に調査を行う」

企画：造形ワークショップ委員会　主催：こどものアトリエ「ばら園」

参加人数：1歳〜8歳の乳幼児26名・母親16名・保育者4名・園長1名

絵本画像⑦　　　　　絵本画像⑧

⑦　「ネコくんが　もらっていちばんうれしいものはなんだろう？」（お父さん
　　とお母さんはネコくんが好きなものをさがしてプレゼントをするが，ネコ
　　くんは"いらない"と泣き出してしまう。

⑧　「僕のほしいのは，車に乗せてくれるお父さんだ!!」

絵本画像⑨

絵本の中で，お父さんとお母さんと一緒にいることがネコくんにとって何よりの"ハッピーバース
ディー"であることをこども達に知らせている。

　　結果として，合計26名中：Aチーム〈1歳2名〜2歳5名〉Bチーム〈3歳
4名〜4歳2名〉Cチーム〈5歳3名〜6歳4名〉Dチーム〈7歳4名〜8歳2
名〉に分け，それぞれのチームに各保育者が1名寄り添い20分程度の話合い
を行いました。

その後，参加者の母親からワークショップ実践を終えての感想を書いていただきました。

次のようにまとめてみました。

---

① こどもは絵に興味をもち，絵本の中に入り込み，親も一緒に楽しめた。
② 1歳・2歳児は，このお話のねらいを理解することまでは到達しなかったが，3歳児以上はネコくんの気持ちがわかるこどもがほとんどであった。家庭でも幼い頃から絵本を読み聞かせている成果のように感じた。
③ 現代は家庭においてこどもにモノを買い与える場面が多いことや関わる時間が必要なことに絵本を通じて気付く場面に出会えた。
④ 読み手と一緒にこども達が共感できる絵本に今後も出会いたい。親も創作絵本が作れないだろうかという意見が聞かれた。
⑥ 優しさや思いやりは，児童文化を家庭・園や社会に取り入れることでこどものこころに自然と芽生えていく。
⑦ 人と人とのつながりや関わりを乳幼児の頃から育てていきたいと思った。
⑧ 地域親子ワークショップの集いに「絵本製作」を実践してほしいと願う。

乳幼児にとって，読み聞かせはそれが絵と文を読み取るといった極めて意識性の高い行為だけに読み聞かせてくれる大人との間に基本的信頼関係が確立していることが親のニーズから必要であることを改めて感じています。

絵本の中の豊かな言葉が，読み聞かせからこどもの耳に届くとき，語彙力の乏しいこどもでも耳からの言葉と絵の助けを借りて理解することができます。

また，読み聞かせを通してこどもは読み手から自分に対する愛情を感じ取り，感動を共有しながら心が通い合い情緒が安定していきます。

ここでの絵本ワークショップでは，絵とストーリーの展開がこどもの生活に近く，こどもの気持ちを絵本に近づけていったことが理解できました。

こどもが早くから文字を「読む」ということに気をとられて，中身を十分に味わえないより，読んでもらいながら想像力を働かせ，物語の世界を絵の助けを借りつつ自分の脳裏に鮮やかに描き出し，心でそれを組み立て「感性」に到

達するという過程において，思考力を刺激し活性化するのに役立っています。

　また，読み聞かせは，耳から「ことば」を聞き「ことば」のイメージを描くという単なる映像化する力だけでなく，親と子の心の交流を図る大事なコミュニケーションの場でもあり，読み手との共通の体験から感動を共有していくという行為は，こどもにとって直接体験と同じ意味を持っているようです。

　つまり，耳から聞くということの積み重ねによってこどもの集中力，想像力，理解力，表現力，判断力などが育つことは，何よりも深い感動体験の積み重ねがあり，こどもの心にたくさんの感動の蓄えをするということであると言えます。幼いこども達の物語やお話の内容や筋を読みとる力はやがて読書力となり，読んだことをもとにして考える力は思考力，理解力となっていきます[5]。

　こどもの健全な育ちには，食事で体を育てる体の栄養と，心を育む心の栄養の2つが不可欠であり，そのうちの心を育てる栄養の1つに「読書，読み聞かせがある[6]」。があるように思われます。

　想像を膨らませながら物語の世界に入り込んでいくこどもと一体化した実践がここでの「創作絵本」でした。絵本読み聞かせのこどもへの効果については，次のようにまとめることが出来ました。

　今後の研究に発展させていきたいと思っています。

---

① 　絵本の世界の楽しさを味わうには，実践を重要視することが必要であり，母親や保育者と一緒に絵本との出会いを重ねていくことが必要である。

② 　親しい友だちと一緒に心を躍動させる体験を多く経験してほしい。

③ 　絵本に対して年齢別の受け止めは異なるが，新しい知識を吸収し自己を拡大する成長への喜びを母親や保育者と感じ合えることが重要である。

④ 　絵本の中の人間関係や空想の世界がより身近に現実に近づき，夢がその空想の中で可能になることを喜びとする保育者の心がこども達一人ひとりを根本的に育てていくのではないだろうか。

　乳幼児における心の育ち（感性育成）を考えるとき，想像とは，これまでの

生活体験で認識して得られていない物事のイメージを絵本の読み聞かせによる刺激から心の中に思い浮かべ新たな発見をするもののような気がしてきました。

　こどもは生活の中で想像するだけで楽しくなることが多くあるでしょう。

　想像したことが実現すればもっと楽しくなるはずです。成長と共にこども達が想像の絵を描くのは，想像したことが絵画表現として自分の手で創造できるからではないでしょうか。

　想像の絵を描く場合，無から有は生じないものです。そこには想像を作り上げる材料が必要ともなってきます。「材料は育ってきた生活体験の中で認識され身についているものである[7]」。ことも考えてみました。

　それらの材料を組み立て新しいイメージを表現にまで高めることは，発展課題として重要なことであることを改めて感じ始めています。

　いま日本では，核家族化，少子化等の社会環境の変化と共に，親の価値観の多様化は乳幼児の生活にも大きく影響しているように思われます。教育要領改訂の大きなポイントである「人格形成」の基礎を育むことからは，生命を尊重する心，他者への思いやり，美しいものや自然に感動する心など豊かな人間性を培うことが思い浮かびます。乳幼児期からの心の教育の充実はこれからの子育てへの大きな提言であるような気がしてくるのですが，どうでしょうか。

　内田信子著（2015）『どの子も伸びる保育への誘い』（冨山房インターナショナル，p19）によると，知力は「花弁をもつ花」に例えられます。

　花の根っこは知力の基ですが，この基盤となる土壌は，こどもが遊び，生活することを通して耕されていくことがわかります。

　モンテッソーリ教育のように豊かな土壌の上に，知力の芽が出，成長してやがて「言葉」「音楽」「論理数学」「空間構成」「身体運動」「自然科学」「社会性」「自己受容」の花弁を持った美しい花が咲いて行きます。

　花の成長のスピードや8つの花弁は決して一様ではないのでしょうけれど，こどもの発達に沿って時間差を伴い，開いていくものと捉えました。

　ある子は，運動遊びは得意だが言葉はゆっくりしているとか，ある子は指先が器用だが友達とうまく遊べないなど，こどもにより得意不得意があります。

　このことから教師が，一人ひとりの花に寄り添ったかかわり方を工夫することが大切であることが理解できます。

　0歳からのエディケアからは，こどもを伸ばすための「知力」が中央に位置付けされていますが，眼には見えない地面のなかに「頭」「心」「体」が潜んでおり，こどもの誕生から段々にこどもの可能性を伸ばしていることが理解できます。

　0歳からのこどもの命の尊さを丁寧に伝えていくことは，こども自身が自己肯定をし，自分を認める機会が持てることでもあるのではないのでしょうか。

　さらに，0歳からのエディケアでは，保育の実践を喜びとする場面の共有により，保育者，こども，保護者というように，人と人が繋がっていきます。

　こどもの可能性を引き出すよりよい保育を実現するためには，教師と保護者が一体となって保育を通してこどもを育てる願いを持たなければなりません。

　その際，重要なことがあることに気付きました。

　それは，日々多忙ななかでも親と子の絵本を共有する時間をつくることを心に留めてほしいということです。さらに，個々の発達の違いによる保育実践の見直しや，新しいものの見方，こどもに対する観察力の研鑽，保護者の理解や協力などに関して，教師側はじっくりと向き合うことが必要に思います。

　また，絵本を媒介にした共有の場では，それだけに留まらず，特定の教師の活動の在り方を批判したり，家庭での過ごし方やこどもの褒め方や叱り方を評価したり，あるいは反省会のようにならないようにすることが必要なことと考えています。

　ここで語ります共有とは，こどもの可能性を様々な観点から見つめ，それを引き出す改善策を考えたり，自身の役割を見直すことで教師の保育力を磨くきっかけを得たりする前向きな活動です。親と子，そして教師を介して発する対話が，未来に目を向けた前向きな振り返りの場になるようにも思われます。

　このように，絵本を媒介にした共有の場を作り，そこで行われる対話を積み

重ねることにより，保育者一人ひとりの保育力だけではなく，園全体の保育力が高まっていくものです。

　乳幼児期の発達と創造を育む絵本のもつ意義を捉えながら，こどもの一番身近な母親に視点を当て，絵本読み聞かせを通しながら一人ひとりの乳幼児にかかわる中で，乳幼児期に出会う絵本のもつ影響力や効果を再認識することができたと考えています。

　私は，教師や保護者が乳幼児にとってかけがえのない人的環境であることを踏まえ，特に「かかわりの中で幼児期の豊かな心を育む」ことにこだわりを抱きました。同時に，創作の感性育成絵本を仲立ちにし，語り合う保育と何気ない日常の生活においてこどもの豊かな育ちと喜びを実践から感じ取りました。

　また，乳幼児が保育者や母親に感性育成絵本を読んでもらっている時の瞳の輝きは印象的であり，1冊の絵本の感動を読み手と共有しながら，想像力や，優しさ，思いやりの心などを育んでいく手応えを感じとることができました。

　さらには，読み聞かせは，読み手の愛情をこどもに伝えていくことであると実感しました。

　こども達はファンタジーの世界と現実とを行き来しています。これらの実践を通して私と松林（早紀）は，その時々のこどもの気持ちを大切にし，母親を取り込んだ絵本読み聞かせをこどもの生活に効果的に組み入れていきたいと考えました。

　今後，まだまだ社会は移り変わっていくでしょう。

　多様な可能性を持って生まれてきたこども達の，かけがえのない成長のひとこまを担う責務の重大さと喜びを常に念頭のおき，今後も一人ひとりの乳幼児の心を育くむ研究を続けていきたいなと思います。

Picture book research that nurtures the heart from 0years old:
From storytelling through creative picture books

The change of society affects not only the environment where children grow, but also the way of art education. The educational function, which local community provided in the past, is gradually declining. A local place to play is changed into building street, and children have difficulty in finding playfellows. Since the opportunity to experience nature doesn't arise without the adults' help, children tend to play with TV game. While parents are wandering for playing space in order not to deteriorate the quality of children's play, children also seem to need help. Because the method of Maria Montessori is being reevaluated recently, kindergarten and nursery school start to adopt picture and craftwork which children of the different age experience together. The study aims to consider the environment which supports children's development and the look of childcare person who help and stare children.

引用文献

1) 吹田恭子編著（2001）『こどもの本の使い方―いっしょに読むからおもしろい―』ひとなる書房，pp.26-27.
2) ジム・トレリース著　亀井よし子訳（1987）『読み聞かせ・この素晴らしい世界』高文研，p.121.
3) 同上書，p.123.
4) 川西芙沙（2000）『絵本のちから』大和出版，pp.78-79.
5) 浅川かよ子（1989）『赤ちゃんからの読み聞かせ』高文研，p.45.
6) 同上書，p.68.
7) 岡田憼吾（2005）『新・せんのぞうけい―豊かな心を育てる絵画指導と実践』サクラクレパス出版部，p.98.

第 4 章

絵画・造形から生まれる 協同性の研究

教育美術論とこどもの精神を基礎にして

こどもの精神に潜在する協同性

　2000年代になり，幼稚園教育要領の改訂から協同性という内容が加わりました。領域「人間関係」では，「幼児が互いの関わりを深め協同して遊ぶようになるため，自ら行動する力を育てると共に，他児と試行錯誤しながら活動を展開する喜びを味わうことができるようにすること[1]」。

　さらに，文部科学省から示された幼稚園教育要領解説書[2]では，「一緒に活動するこども同士が，目的を共有し，（中略）自分も他児も生き生きするような関係を築いていくこと」と記されています。

　いずれも目的を共有するプロセスの重要性が指摘されました。

　本研究では，絵画・造形から生まれる協同性にはどのようなこどもの精神が潜んでいるのか，また，協同性の論理を基礎にして，ここでは二人の学者から協同性の意義を探っていきました。

　こどもは，未完成の中にも偉大な可能性を有するものです。多くの学者たちは，0歳から伸びていくこどもの可能性により世界を素晴らしい未来に導くことができるのではないだろうかと考えました。人々が世界の再建を目指すならば，人間の潜在能力を発達させることを教育の目的にするべきであるという願いは，マリア・モンテッソーリの教育「こどもの精神」に解いてあると感じられます。

　「現代，新生児の精神は心理学において大きな興味を引き起こしました。数名の心理学者は，こどもを生後3ヶ月から発達観察の対象とした[3]」。他の心

理学者たちは，注意深く研究する内に，「人間の発達においては，誕生から2年間が最も重要であるという結論に達した[4]」。と解かれています。

　誕生と共に始まる人としての人格の形成とその偉大さは，奇妙に思われるものではありますが，このように，著書「こどもの精神」のなかから，モンテッソーリ・メソッドにおいては協同性の深い意味を持っていると言えます。

　また，ここでは，美術教育論にハーバード・リード（Herbert Read, 1893-1968）を取り上げました。英国出身の文学・美術評論家であるリードは，時代を超えて美術動向へ批評的言説からも深く関与していると考えたからです。主著として「芸術による教育（Education through Art）」は世界的に有名であり，文献の中のリードの一論では，教育の目的は必然的に個人の独自性と同時に，社会的意識もしくは相互依存を発達させることであることを追求しています。

　また，リードは，乳幼児集団の形成過程と協同性の育ちに関することを興味深く述べています。

　社会の変化はこどもたちの生活にも影響を及ぼしており，人関係の構築や共感・感動を通じた豊かな心の育成等に関する課題も見られます。このことから私は，これら美術教育論と，こどもの精神を参考にし，絵画・造形の研究で協同性の育ちを探求していきました。

　今日の過度に文明化した世界には，数え切れない多くの哲学が存在します。高貴な理想と感情は常に教育を通じて伝達されていきました。

　今日，こどもを取り巻く環境の変化に伴い，地域で隣近所のこども達が群れて夢中になって遊ぶなど，同年齢集団や異年齢集団が地域の中で形成されにくい現状にあります。

　かつて，こども達は群れ遊びの体験の中から様々な智恵を得ました。年齢差のあるこども同士が共に遊び，様々な気付きを分かち合い，遊びを楽しんだことでしょう。現代は遊び場を求める親子の姿が多く，縦割りのこども同士の繋がりもあまり見られません。

　近年，幼児教育において重視されている協同的に遊ぶ経験は，こうした課題

に応えるものであると理解できます。幼稚園教育要領や保育所保育指針に示される協同とは，遊びという目的完結型の活動において，こども達がお互いに影響を及ぼし合う状況を「協同的に遊ぶ」と見なすことができるでしょう。

　具体的に解説しますと，『幼稚園教育要領，保育所保育指針，幼保連携型認定こども園教育・保育要領に示される「協同」の英訳は，"cooperation" です。"co" は「共に，いっしょに」，"operation" は「作用・影響を及ぼす」という意味です。

　つまり「互いに影響を及ぼす」ことを指しています。具体的に言い換えますと，遊びという目的完結型の活動において，こどもたちが互いに作用や影響を及ぼす状況や心理的作用を「協同」として遊ぶ姿と位置づけることができよう[5]』と，示唆されています。

　こども同士が相互作用を展開していくことで，感情が交換され，遊びを一緒に進めていく喜びと共通の目的に向かい力を合わせる楽しさが経験されます。

　協同的に遊ぶ経験は，「幼児期にふさわしい生活」を保障するものです。

　また，協同的に遊ぶ経験は，集団的な問題解決学習の原体験となり，小学校進学後の学習活動の基盤を形成していきます。

　幼児の遊びを通じて形成された自己意識・社会性・言語コミュニケーション力は基礎力となり，知識・技術・価値が集団的に探求されていきます。そしてその成果が共有財産として分かち合われるのです。

　今日地域の群れ遊びの消失は，こどもの遊び文化や人との関わりの知恵が伝わりにくくなることに繋がっています。

　同時に，これまで地域の群れ遊びが果たしてきた役割を意識化し，絵画造形表現においても遊びの中での目的意識の共有やテーマのある系統性をもった遊びの充実など，教育活動を工夫し，創造していくことが求められてきました。

　とりわけ集団内や多様な集団との関わりの中で協同性の芽生えを育むことが今日のこども達における教育課題であるのでしょう。

　造形活動は色や形を変化，変容させる活動です。そして，造形表現活動はモノづくりの楽しさの中から生まれ，こどもの心の傾斜，つまり心情がモノづく

りに重なり合っていくと，そこにこどもの表現が発生します。

　それらが合致したとき，表現は深まるものです。言い換えれば，発想がひらめき，その子のこだわりやその子なりの工夫が生まれてきたときに，表現活動となるのです。

　協同性は，そういったことから，目に見えることだけでないことがわかります。

絵画・造形の基礎となるこどもの精神

　ここでは，絵画・造形の基礎となるマリア・モンテッソーリの「こどもの精神」に着目して述べることにします。モンテッソーリの生涯やその遺したものに目をやるとき，「子供の家（Casa dei bambini）」は創設113年にもなり，モンテッソーリの教育観の一つにこどもの望ましい真の成長は環境との出会いなくしては果たされないことを実感します。

　マリア・モンテッソーリは，こどもの可能性について次のように述べました。

　「モンテッソーリは，こどもの可能性は先天的に与えられており，遊び（仕事）を通して具現されるものであると考えた。そして，その「遊び（仕事）」の過程には「互いに尊重し合うこどもの精神」が芽生えることを重視した。

　モンテッソーリは，1870年イタリアに誕生し，後に史上最初の女性医学モンテッソーリとなるが，1906年（明治39年）に「子供の家（Casa dei bambini）」を開設して以来，1952年（昭和27年）の死去に至るまでの46年間，女史の初期の頃の専門である発達の遅れた貧しい地域の障害児の発達研究を基礎に，知能の発達の遅れがあるこども達を，普通児と同じく学習できるように使命を果たし，こども達を深く観察しつづけた。

　モンテッソーリは，生命の誕生の瞬間から既にこども自身に先天的に与えられている能力・可能性を大切にし，協同性の育ちの中から自然に生まれる互い

に尊重し合うこどもの精神に目を向けている[6]」。

　加えて，モンテッソーリは，こどもの精神は大人とは異なった種類のもので，絵画・造形においても違った方法で働くものであることを指摘しています。

　大人が知性によって知識を修得するのに対して，こどもは，精神的，肉体的全生活を通じて知識を吸収します。

　その印象は，こどもの心に浸透するものばかりではなく，それを精神的働きの具体化されたものとなり実際に実行する行為となり人格を形成していくものです。また，こどもの心に近づいたと思っても，その子が見えないことがあるでしょう。

　なぜなら，我々が無意識の内に，自分の持っているこどものイメージとその性質とをこどもに当てはめてしまうため，本物を見ることが出来ないからです。「大人を小さくした存在である」と，思いがちの傾向は近年の親たちの陥り易い傾向とも言えます。ここには，モンテッソーリの愛情の知性と視力が意味づけられます。

　また，別の角度から，モンテッソーリは，「相手の顔に向き合い，話を聴く」ということから「互いに尊重し合う」という精神が育つことを指摘しています。

　美術教育論から学ぶ協同性においては，ハーバード・リードの「芸術による教育」の一説，「教育の目的は必然的に個人の独自性と同時に，社会的意識もしくは相互依存を発達させることである[7]」。を考えたとき，時代を超えて集団の形成過程と協同性の育ちは特に注目されてきたことを感じます。

　社会の変化はこどもの生活にも影響を及ぼしており，現代はこどもが直接体験する機会があまりに少ないと考えられます。

　協同して遊ぶ姿の衰退，そして，人間関係の構築や共感・感動を通じた豊かな心の育成等に関する課題も見られます。

　このようにリードの一論からは，こどもが純粋な気持ちを素直に表せるよう

導かれているような感覚を受けます。

　彼の美術教育論を参考にし，絵画・造形の研究では，協同性を目的とした活動を通じてどのようなこどもの育ちが考察できるかを探ることができます。

　リードは，古代から近代に至るプラトンやシラーの哲学を学びながら，論述の主題となる「芸術は教育の基礎」という大きな理念を掲げました。

　「美的教育」は理論上，美術や音楽，文学，演劇などの諸芸術活動にのみ作用するのではなく，広範に生活全般に適用される可能性があると考えられています。また，リードの「美的教育」は，個の創造的な素質を自発的に創造能力として維持し，育成するための手段でもあるのです。

　このように，リードの唱えた美的教育は，広範囲にわたり活動と関わりを持ち，対象も限定的ではなく，出会う人々の多様性を認めながら展開されていきました。このことは，後に出版された芸術教育による人間回復 Read. H（1972）の主張からも明らかです。

　重要な観点として，リードの言説を引用してみますと，

　「我々は，もはやごく少数のこどもを，芸術的素養と言われてきたものを尺度にして，選り抜き，この少数者を芸術家となるように教育はしはしない。私たちはあらゆるこどもの中に，ある種の芸術家肌を認めているのであり，正常な創造的活動の奨励は，完全で均衡のとれた人格の発達に不可欠のものの一つである[8]」。

　すなわち，美的活動というものは，肉体的ならびに精神的統合の過程であり，科学的でもあると同時に事実の世界へ価値を導入することであると理解して良いでしょうか。

　ハーバード・リードの「Education through Art」は，「Art education」に限定したものではなく，自己表現のあらゆる方式のものも教育の内側に包括するものでした。

　リードは，社会的環境に無意識的ではあっても，不可避的に順応していくこどもの精神的な経験を重視しています。

　また，柔軟なこどもの育ちの過程において，関わる大人の意識した振る舞い

がこどもに直接的影響を与え，未知の部分が確かに育つことを指摘しました。

　リードは，表現の様々な分類と型を認め，こどもの個と集団の特性を尊重し導く立場であることを示しています。

　言い換えるならば，経験から生じる適切な判断を自然な形で付与する柔軟性が教育者として求められるのです。

　このことは，こども達の豊かさを育てる意味から，モンテッソーリの「こどもの精神」にも繋がりがあると私は考えました。

　Herbert Read は，「教師の最初の仕事はこどもとの間に信頼関係をつくりあげることである[9]」。と言い，モンテッソーリと同様に，「こどもと保育者間の信頼関係が重要である」ことを説いているのです。

　こどもは保育者の温かな眼差しに守られているという安心感から生まれる安定した情緒が支えとなり，自己の世界を大きくしていきます。

　温かな人間関係の中でこそ協同性は培われ，こどもは人間として成長します。ハーバード・リードは，社会集団と相容れない個性の重要性を指摘すると共に，乳幼児集団の形成過程と協同性の育ちに関する研究に着目しました。

　このように二人の学者は，美術を通し教育された個性をその個人の所属する社会集団の統一と調和させることが人間形成の根幹を成すと説いています。

　一人ひとりの創造的な活動を支援し，それぞれの能動的な姿勢とさまざまな表現方法と多様な個性を育てる視座が，今日の教育に求められる親のニーズとしても社会的に求められていることが理解できるような気がしています。

教育の背景と協同性の捉え

　人間の諸活動においては，芸術活動の位置づけを精神活動に基づく根源的活動であると考えますと，全ての表現や全ての知覚が，生得的な見解から芸術的であることがわかってきました。

　これらは，「美的教育」を考察する上で，保育内容においても背景に共通する概念です。

　「美的教育」とは，人間の意識とする人間個人の知能や判断の基礎となる諸感覚の教育であり，また，美的能力は全ての人間に先天的に内在するものです。

　潜在的なこどもの可能性を重んじ，人間形成の確立を求めて，幼稚園教育要領の改訂と保育所保育指針の改訂がなされ，10年以上が経過しました。

　幼稚園と保育所は，共にその時期にふさわしい豊かで充実した生活の中で，温かな関係性を基盤に，こどもの自立を支え，発達を保障する質の高い保育を行うことが求められてきました。

　同時に，保育者には深い専門性が求められ，同時に，社会的な役割も大きく期待されるようになりました。教育課程の変革が期待され，教育現場では，知の総合化と基礎基本を抽にカリキュラムが練り上げられました。

　美術教育に限れば，1998年の学習指導要領において，小学校の図画工作では，造形遊びが全学年に取り上げられたことを思い出します。そのとき教師は，手など身体全体の感覚を働かせる総合的な絵画・造形行為は，新たな力を生み出すこと，幼児の体験は，遊びの活性化と感性や理性を関連づける知の総合化を培うものであることに気づきました。

　つまり，「絵画・造形遊び」の展開は，単に図画工作が担う教育的役割の枠に留まらず，今，まさに，現代教育の課題である知の総合化の働きによって生まれる新たな知を生成するという価値ある行為（教育内容）として表現活動に期待されたのでした。絵画・造形遊びは，こども達の"描画""ものづくり"が大いに発展する場でもあります。

　こども達の表現行為は，こども達一人ひとりの人格形成を育てることが明らかとなってきました。

　大人が知性によって知識を修得するのに対して，こどもは，精神的，肉体的全生活を通じて知識を吸収します。

　印象は，こどもの心に浸透するものばかりではなく，それを精神的な働きの具体化されたものとなり実際に実行する行為となり人格を形成していくのです。

　家庭における遊びが，消費的・個人的な活動にならざるをえないとすれば，

　それを補うために，社会における保育の居場所では，創造的・集団的な活動が提供されることが望まれるようになるでしょう。

　乳幼児には総合的な経験が保障されなければならないことが見直され，家庭での経験と園での経験が，車の両輪のごとく機能することにより，幼児期の生活の総合性・多様性が実現していくことがこどもの成長には大切になります。

　次に，教育の背景に浮かび上がる協同性を育てる基礎の構造について探っていきましょう。

　絵画・造形に関する創り上げる楽しさは，どのように人と人を繋いでいくべきかを，より確かに見極め，一人ひとりのこどもの成長発達を見つめる教師の成長の根っこに美術教育論が生かされていきます。

　このとき，私たちは，こどものために行うことのできる偉大な活動として環境を手段にすることを忘れてはなりません。

　教育・保育の基礎には環境により育成されたこどもの精神が宿っているのです。こどもは，全てのものを環境から取り入れ，取り入れたものを表現していきます。それは，根から芽生えた小さな木の誕生がやがて幹を伸ばし，葉をつけ，大きな両手を広げるようにして「美」を知らせる仕草と重ね合わせて想像できます。

　Read. H（1966）は，「芸術における形態の要素に一致する人類の不変の要素は人間の美的感受性である。感受性こと不変なものなのである[10]」。と述べました。また，一人ひとりのこどもにより的確な芸術体験を促し感覚的表現とコミュニケーションを発達させることを美的教育の目的として捉えています。

　美しい心は，うまくいったことや，友だちや先生から誉められることから生まれてくることが多いものです。

　このようなプラス思考の心は脳の中に刻み込まれ，こども達の仲間意識を刺激し，次への活動の原動力になっていくものであります。

　仲間意識の他に社会により求められる協同性を育てるものは他にも存在しています。たとえば，社会的な習慣が一例です。

　これは，後に，社会集団の道徳として承認されるものでもあるのですが，集

団に属したこどもは，道徳的な習慣としてきまりを吸収するだけでなく，一定の社会的集団の仲間を団結させるという協同の姿を見せてくれます。

この協同の姿からは，人間集団の独自の特徴が形成されていくことが理解できます。乳幼児の一人ひとりの違いや，成長の歩み速度を思いやる心が，絵画・造形においては大変重要なのです。

うまく表現できていないこどもを受け入れて，その子らしさを感じ取り，うまくいかない場面においても，一緒に別の方法で試みるなど，柔軟に保育者の意識が生まれるよう，幾つもの応答をもつことの必要性を感じます。

保育において保育者が，表現していないこどもの内面理解に心を砕く援助は必要不可欠ですが，一方で，教師はこどもが表現することへの手立てや，集団で学び合う姿を促すことに気持ちが傾き，こどもの成長過程をありのまま見つめる視点を欠いてはいないでしょうか。

情緒的・道徳的な共感には，他者の中で生きる自分を捉えてこどもを育てたいという願いが込められているように思われます。

次に，『保田 2015，3 月：認定こども園における「協同性の育ち」をテーマにした研修会作成資料』を示します。

図 4-1 からは，教育要領改訂後の「人間関係」に視点をあて，協同性を育てるために「聞くこと」，「話すこと」の重要性を集約しました。

芸術的創造及び，芸術体験過程においては，初めにイメージの効用が求められます。イメージの分化は，再生成として導かれ，イメージの先行性は人間の原初的な活動として捉えられるからです。

人間の諸活動は，芸術活動の位置づけを精神活動に基づく根源的活動でもあると言われています。

図 4-1 のように，遊びや生活の中では，乳幼児を育てる環境と保育者の援助が美術教育の基礎を支え，場の雰囲気や共感を重要視しながら個のイメージを再生化しながら，やがては「協同性」へと到達していきます。

協同性の育ち

受容
（聞く）

表現
（話す）

教師・友達との安定した温かな人間関係

思いを共有する	思いを話す
思いを受け入れる	言葉を使い分ける
言葉の大切さを知る	分かる言葉で話す
頷いて聞く	共通の話題で話す
黙って聞く	してほしいことを言う
集団の中で聞く	集団の中で話す
必要な言葉が分かる	状況に応じて話す
内容を理解する	繋がる会話をする
優しさに気付く	表情、仕草、態度

・雰囲気作り
・時間的余裕

・話の整理と確認
・共感する

環境　　　遊びや生活の中で　　　援助

絵画・造形の基礎

○美術教育論「芸術による教育」
○子どもの精神「深い観察」

図4-1　協同性を育てる絵画・造形の基礎構造

　美的教育とは，人間の意識とする人間個人の知能や判断の基礎となる諸感覚の教育であるのです。また，諸感覚を基にした知覚の営みそのものが，リズムや調和などの美的形式を生み出しています。

　私は，美的能力は全ての人間に先天的に内在するものであると考えています。

　これらの理論を意味づけるために，「粘土での協同的，創造的な遊び」を取り上げ，**図4-2**にまとめてみました。

　このときの研究では，夏の造形ワークショップの地域活動を微視的に捉え分析することから，協同性における目的がどのように生成し，共有されるのかを明らかにすることを目的としました。**図4-2**のように，図示しましたが，この活動を始めるにあたっては，2歳のこども達が「何を作るか，見通しが持てない」ということもあり，年長の5歳のこども達と，小学校3年生の児童3名が相談して，全員が作りやすい「生き物」を取り上げました。2歳のこども達は，年上のこども達が寄り添い，粘土を丸めて長く伸ばし，まずは「蛇作り」から創作活動をはじめていきました。

　こども達は，自分の好きなものを，図鑑や，実際の動物の写真を見て，ま

造形ワークショップより

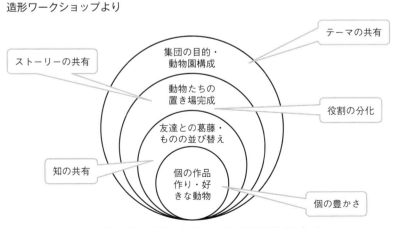

図4-2　協同性の目的の生成における循環螺旋的プロセス

た，話を聞きながら，イメージを膨らませ，楽しんで造形ワークにチャレンジしています。

　このとき，5名の2歳児は，お兄さんやお姉さんとグループになり，信頼感を持ち安心してモノづくりをしていました。

　協同的な学びは，**図4-2**のように，他児と違う考えや工夫をそれぞれの年齢や性格の違うこどもたちがその場その場で発揮していく内に養われています。

　テーマに到達するまでには，段階があり，イメージを自分なりに持って作ること，そして，そのイメージを人と共有する経験を持つこと，一緒に考えたり，工夫したりして，一つの作品が出来上がるまで根気強く仕上げること，それから，一つの作品を大事にして皆で展示することなど，それら活動の過程において人の意見に反論したり，同意したりといった幾つかのやりとりのなかで，こどもなりのこどもの精神を磨いていることにも気づくことができました。

こどもの独自の感受性と創出

　上記に挙げました二つの図から，生成のプロセスとは，決して単線的な直線的過程ではなく，目的が生成し，往還し，周辺の人々やものを巻き込みながら拡張するダイナミックな動きのある過程であるということが言えます。

　それらは，こどもを愛情深く見つめる教師により，吟味され，修正され，達成されるという目的の質的深まりを伴うものであると捉えることができました。

　こども達は，五感を広げて対象を受信し，また，交流させ，判断したり，志向したりして，最終的には身振り表現や，絵画・造形表現に達し，自分なりに表していきます。

　絵画・造形において，乳幼児の場合，受けとめる力と表現の力は別の性質や能力として捉えにくく，一般的に考えられる大人の創造力の中身ほどには独立

した役割をもち捉えられていないと考えられてきました。

　たとえば，大人の場合，物事の見方が鋭いということと，表現の仕方がすごいということは，異なる性質として捉えられるように思われます。

　しかし，こどもの場合には，連結した力と見なされ，こどもたちの感性・協同性を育むことは，感受性だけでなく，表現しようとする力を伸ばすところまでの一貫した援助に必要性が示唆されていくように感じられます。

　近年のこどもたちは，与えられた情報を操作する能力に長けているように見えますが，実際は，自分自身から情報を発することは不得意であり，表現することや，表現しようとすることは，自身が思うほどにはできていないことが指摘されているのです[11]。

　共感とは，「思わず一緒に涙を流したり，応援したり」といった他人を顧慮する態度であるのですが，同時に「約束を守る」といった良識や正義感や，「ごめんなさいやありがとうの言葉が言える」といった良心や協調といえる社会的な感受性にも支えられているのではないでしょうか。

　こどもたちの道徳的な規範意識の芽生えは，他者への思いやりに通じるものであることが推察されます。他者とのかかわりが薄ければ，こどもの感性は鈍くなるものです。そして，自らを顧みることができなくなり，他者の立場に立って考えることも，自分とのかかわりを考える力も弱くなってしまうのではないかと考えられます。

　以上のように考えると，協同性とは，他者を含めた社会・環境に向かっており，自己の社会化の程度，すなわち，自己理解と他者理解の程度が，感性の形成や発揮を規定しながら定着していくものということが理解できます。

　特に年齢の違うこども同士のかかわりは，コミュニケーション力を促進させる基盤となる可能性も見えているように思われます。

　次に，目的の生成におけるこどもの主導権と教師の援助について考えてみることにします。

　協同性を育てる過程におけるこどもと教師の関係について，小川博久は，保育援助論の中で，「主体的生活経験学習とは，学習活動の創出と展開に関し

て，こどもたちの主導権が保障される活動を意味している[12]」。と述べています。

　幼小連係の教育に向けて，このことは教育者の間で様々な議論が導かれました。なかには，主体的な生活経験学習とは，協同的経験と読み替えてよいのではないかという説も生まれています。

　こどもが行き詰まりを感じ，教師に援助を求めたとき，教師はそのことに対し，こどもの身の回りにあるリソースに目を向けさせます。

　こどもは，教師の示唆により，自分たちが見つけてきたことが活動の達成感に繋がることをはじめて実感するのです。活動のリソースはものだけではありません。大きな材料は，数人のこどもたちが力を合わせて組み立てていくこともあります。また，細かなところは，考え合い，納得がいくまで何度も作り直して仕事をし直すこともあるでしょう。

　皆で創り上げることの賑わいが一つの磁場となり，他のこどもたちも活動に参加し始めることも予想されます。造り始めたときには参加しなかったこどもも活動に参加するきっかけとなり，何かができあがっていくことで，新たなリソースとなり，そこには人間関係の広がりが生まれていきます。

　人，もの，場が互いの環境であり，リソースになりながら，協同性は活動と共に動いているのではないでしょうか。

　このとき，教師は，活動の援助者というより，ともに活動を創り上げる参画者であるといってよいでしょう。

　私自身は乳幼児期の協同性において，はじめに活動の目的があるのではなく，個の思い，アイディアをどう生かし，こどもが周りのリソースを取り込みながら仲間と協同して活動を実現していく自己組織力をいかに育てていくかということが重要であると考えています。

敏感期の存在と協同性

　刻印づけ（imprinting）の概念はオーストリアの行動生物学者コンラート・

ツァハリアス・ローレンツ（Konrad Zacharias Lorenz, 1903-1989）から発しているのですが，発達の一定の段階において環境の影響は特に強い影響を及ぼすというものであり，「刻印づけとは，外界から個体に入ってくる過程であり，敏感な期間とは刻印づけの為の準備ができている状態を意味する[13]」と説明されています。

　たとえば，脳性麻痺など，大脳の中枢調整機能に障害のあるこどもは，生後10日間から最も遅くとも4週間から12週間の間に理学療法（V．ポイタ）の治療が開始されねばならないと言われているようです。具体的には4ヵ月から9ヵ月の間であれば理学療法によって運動機能を正常に統制させることができるようです。両眼の知覚の刻印づけと敏感期とはそれぞれ3歳6ヵ月で終わります。

　運動機能の発達の決定期は8ヵ月，言語の敏感期は生後3ヵ年間，社会的行動の発達は生後3ヵ年間に社会的敏感期があることが示されているのです。

　このように，行動生物的見解から，ハセンシュタイン（B, Hassenstein）は次のような行動領域の正常発達モデルを授示しました。

　図4-3について簡単に述べますと，第Ⅰ段階は乳児の哺乳から摂食行動全

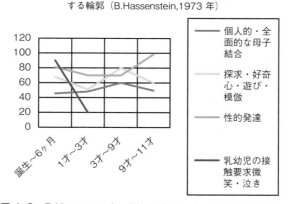

図4-3　B.Hassenstein, Verhaltensbiologie des Kindes
横軸は時間経過で時間は対数的に短縮される。縦紬は発達段階を機能別に表す。

般をあらわしています。乳幼児の接触要求は，微笑みと泣きをあらわし，言葉であらわせない時期の欲求の強さを示しています。

　第Ⅱ段階，時間経過を得てあらわれた個人的・全面的な母子結合においては，なだらかな発達が示されました。

　第Ⅲ段階の活動的時期における探求心・好奇心，遊び，模倣などの特徴は，乳幼児の活動と共に発達をたどっています。

　第Ⅳ段階では，思春期で性的発達が著しい特徴を示しています。

　これらの事実より，新しい行動様式（敏感期の出現）は突然出現するものでなく，種々の敏感期が並行して生起し，かつ持続するものであり，敏感期の出現の順序が逆転することもないことがわかります。

　もちろん，これらのことは，胎生期においてもあてはまります。マリア・モンテッソーリは，こどもの精神発達に視点をおき，敏感期の存在を重要視しました。人を受け入れる難しさ，子と母の関係，互いに尊重し合うまでの子と子の育ちについて，新しい行動形式がこどもの発達においてどのように影響し，何を意味づけるのかを様々な研究より提唱しているのです。

　異なる年齢のこどもが一緒に遊ぶと，年下のこどもは上のこどもを賞賛し，年上のこどもは年下のこどもの手本となり，互いの価値を相互に感じ取る関係に育っていきます。混合保育での遊びからは，混合編成のクラス内で，こどもは種々のタイプの人や年令の違う人とのかかわり方を体験のなかで学ぶことができます。

　本章では，2人の学者を取り上げ，はじめは教育美術論のみを追求していましたが，絵画・造形の園指導に伺った際，少し遅れのあるこどもも，年齢差のあるこどもも「みんなの中で一生懸命伸びようとしている姿」に心が動いたことをこの章を書きながら思い出しました。

　こどもの精神を教育の基礎と考えた協同性は，2人の学者の優れた研究より，愛と慈しみの共同体となりこどものもとに自然に寄り添うものではないのでしょうか。

A study of cooperativity appearing from art and craft: on the basis of education art theory and the mind of children

In the revision of the course of study for Kindergarten in 2008, the content of the cooperativity was added. On "Human Relationships," it is written "For children to deepen their relationships with one another and to play in a cooperative manner, teachers should foster in children the ability to act for themselves and encourage them to experience the joy of carrying out activities with friends by trial and error and accomplishing a common goal." 1 And in the course of study for Kindergarten commentary book 2, shown in October of the same year by Ministry of Education, Culture, Sports, Science and Technology, it is written "children should share their purpose each other (omission), and build the relations which cheer up both oneself and other children." Both of them point out the importance of the process to share the purpose.

The study shows what kind of children's mind is hidden in cooperativity appearing from art and craft, and investigates the significance of cooperativity from two scholars based on the logic of cooperativity. With a social change, the way of home and family are called into question. I suggest the way how we bring up the cooperativity which is demanded in childhood.

引用文献

1) 文部科学省（2008）『幼稚園教育要領』フレーベル館，p.8.
2) 文部科学省（2008）『幼稚園教育要領』フレーベル館，pp.100-101.
3) モンテッソーリ協会（2004）『学会誌 37 号こどものいのちとモンテッソーリ教育』日本モンテッソーリ教育総合研究所，pp.6-7.
4) M・スタンデング著　佐藤幸江訳，（1975）『モンテッソーリの発見』エンデルレ書店，p.337.
5) 佐藤哲也編著　田井敦子，畑中ルミ，赤木公子（2015）『遊びの協同性を促す実践的視座』宮城教大学紀要 49 巻，p.207.
6) 保田恵莉（2014）『幼児教育の追求とモンテッソーリ教育』花園大学社会福祉学部研究紀要第 22 号，p.54.
7) Herbert Read　滝口修造訳（1990）『芸術の意味』みすず書房，p.17.
8) Herbert Read　宮本美沙子，落合孝子共訳（1978）『幼稚園―人間関係と学習の場』フレーベル館，P.189.

9) Herbert Read　内藤史朗訳（1972）『芸術教育による人間回復』明治図書，p.18.

10) マリア・モンテッソーリ　中村勇訳（2010）『こどもの精神―吸収する精神―』日本モンテッソーリ教育綜合研究所，pp.210-213.

11) 山口善雄（1993）『平成っこの感性〈感性による教育〉の潮流―教育パラダイム転換―』国土社，pp.116-117.

12) 小川博久（2000）『保育援助論』生活ジャーナル，pp.152-154.

13) 三笠乙彦，吉田昇，長尾十三二，柴田義松編（1979）『教育における個別化の思想』有斐閣，pp.126-127.

第 5 章

モンテッソーリ教育における
童歌に関する研究
児童文化を継承する意義の考察から

▌ 0歳から─母と子の絆─

　モンテッソーリ教育は0歳からのこどもの育ちを知り，周囲の環境である人や物の在り方をふさわしく整えることでこどもが本来備えている育つ力を伸ばす援助を行い，将来こどもが幸せな大人になる助けをしています。

　この章では，サブテーマに児童文化である童歌を研究に取り上げることにしました。

　胎内から全く別の新しい環境に生まれた赤ん坊は，母親に愛情深く見つめられ，そっと抱きしめられ受け入れられます。泣き声に応えてすぐに駆けつけ，不快なことを取り除いてくれる母親。胎内とこの世の二つの環境が結ばれていくことに私は神秘を感じます。さらに，この時期の母と子の繋がりと信頼感が後のこどもの育つ力と自立を支え続けるような気がしています。

　このことは，保育の世界では愛着（アタッチメント）と呼ばれる営みであるように思われます。

　私は，時代を超えて母から子へと引き継がれてほしい日本の伝承遊び，童歌にはどのような意義があるのかについて，こどもの潜在的可能性を引き出そうとするモンテッソーリ教育と関連して探っていきたいと考えました。

　あるとき，保育者養成校の授業で伝承遊びとして毬つき歌とお手玉唄を扱ったことがあります。一回生80名の学生の半数は毬つき歌『あんたがたどこさ』を最後まで歌うことができませんでした。

　お手玉唄「一番初めは一の宮（略）二度と会えない汽車の窓，泣いて血をは

くホトトギス」の唄に関しては，ほとんどの学生が「聞いたことがない」と答えました。このとき私は，母から子に引き継がれる童歌の継承を覚え，時代から時代へと引き継げるのか，不安になりました。

　童歌を媒介にする以外にもこどもは胎内で母親の声に出合うものです。そして誕生後においても同じ声を聞き，この声の主が自分にとって唯一の特別な存在であることを知っていきます。

　母の声から得る安心感は，大人に対する信頼，環境に対する信頼の芽生えとも言えると共に，社会的存在として育ちゆくための大切な礎石であると考えています。そして乳幼児は，この一番安心できる声に導かれ，言葉のはじまりや歌のはじまりの瞬間を迎えるのでしょう。

　マリア・モンテッソーリは，言葉の発達につき，無からの創造であるとし，それは潜在意識的精神によってなされ，「発達といって教育とはいわない[1]」。と述べています。つまり，この発達において人の発する言葉である「人語」が重要な働きを示していることに気付かされます。

　特に胎内で胎児が聞いた母の愛情のこもった声が，胎児の生にとってその後の歩みに大切な役割を果たしていくように思われます。

　ここでは新生児の出生後一年までの期間に焦点を当て，言葉の発達の過程を見つめ直しながら，母親の声による語り掛けや歌い掛け，また，日本に古くから伝承される童歌の意義を明らかにしていきたいと考えました。

　そして，季節感の豊かさを感じ取れます四季のある日本のなかでこどもが伝承されてきている遊びに着目して考えてみたいと思っています。

　これらの想いは，生きた声の力を，価値基準が多様化する時代において再確認しようとするものでもあります。

0歳からの音への愛着

はじめに母親語について調べてみました。

　母親が乳児に話しかける際，自然に声のテンポがゆっくりとなり，声の調子

が高くなり，抑揚を誇張して話します。これをマザリーズ（母親語）と言うのです。

　子育て支援室において教師の調査によりますと，乳児はマザリーズを耳にすると次のような反応を示しました。

---

①　反応が顕著であること。
②　母親の語りかけを上手に真似する傾向にあること。その際の母子のメロディタイプは，互いに似ている。
③　嬉しいという情緒反応を頻繁に表し，母親に対し積極的にコミュニケーションを働きかけてくること。
※①〜③以外に，高い声，高い音域に反応することが示されました。

　このような反応は乳児の生まれながらに備わっている聴覚の性質からきており，マザリーズのような普通より高めの発話に，聴覚の感受性が敏感に反応するようにできているのです。より強く注意が喚起されると共にこの傾向は「乳幼児期全般を通じて変化することはない」と言われているようです。

　では，マザリーズによる語りかけだけではなく，歌の場合はどうなのでしょうか。

　実験において乳児に大人の肉声により大人の歌とこども向けの歌を聞かせたところ，こども向けの歌により一貫した愛着傾向を示しました。

　音の高さについてはより高い音を，テンポに関してもよりゆっくりとしたテンポを好む傾向がみられた[2]。ことがわかりました。

　言葉や歌の場合，音や音域が高くなるほど周波数の開きが大きくなるため，乳児に刺激として伝わりやすくなるのでしょう。

　また，言葉を音節として区切りやすく，聞き取りやすいことなどがあげられます。

　別の実験においては，乳児の母親の表情に対する反応を調べたところ，話している表情より，歌っている表情にこどもはより反応することがわかってきました。

　これらの実験からこどもに生まれると同時に備わっている素質，また歌のもつ有効性が確認できました。生後10ヵ月までの乳児は視覚より聴覚が優位を占め，人語を選別して聞き入れることができます。

　このことから，自分を養育してくれる存在である母の声を優先的に感受することや胎内からの繋がりを考察していきますと，母の声に託された役割がいかに大きいものであるかが理解できます。

　前述のとおり，こどもが周囲の声を音楽的に感知すること，人間の声の音楽に明らかな反応を示すことから，モンテッソーリは，前言語期にあるこどもに聞こえてくる音を「音楽」と表し前言語期以降を「言葉」と表しました。

　また，こどもにとって人の声は「最初，メロディとしてやってくる[3]」と，正高信男は述べています。

　胎児にとって母親の声は，振動波が母体の筋骨格系から羊水を経て，胎児の耳へと達する過程で，フィルターがかかってしまい，微妙な音のメリハリが喪失してしまうようです。それゆえ，発語全体としての音声の上がり下がりと，強弱変化のパターンのみが相対的に顕著化し，胎児の耳にはハミングのように聞こえてくるのかもしれません。

　新生児が母親の声を知覚することはすでに明らかになっており，また音読においても，出産前に繰り返し聞いていた童話を，なじみのないストーリーと区別し知覚することもわかってきました。

　さらに童話をハミングのように歌って聞かせた場合にも，その反応にはほとんど差は生じなかった[4]とのことでした。

　モンテッソーリは，こどもが耳にするメロディを「神の呼び声にあたる人間の声の音楽[5]」とし，こどもは目覚めて微妙な音楽を聞き，その神経繊維は震動をしはじめることを語っています。

　マリア・モンテッソーリは，人の言語だけが乳児の心を掻き立てる何らかの力があることを伝えました。

　マリアは，ことばの創造における言葉の意義性，不可欠性，また，言葉のメカニズムをはたらかす力をそれだけがもっている人々の言葉と，その唯一性を

強調しています。

　人の言葉の発声そのものが協和音の倍音構造を持ち，乳児は生得性のうちに言語音を主体的に選好する[6]。つまり，0歳の赤ん坊が人の声を好むということは明らかであり，まったく疑う余地はありません。

　人と人との間で交わされる言葉や歌の意義はここにも存在しています。

▋0歳からの音の誕生

　日本語は母音主体であり，歌も母音主体です。童歌を母音と子音に分けて書くとわかりやすく，歌う際には母音が伸び，温かみが感じられます。

　伝承遊びの童歌は日本語であり，歌であることから母音様の発声に大変有効です。

　さらに，基本的に一音一語であり，フレーズも短く，音の構成も少ないと言えます。会話に比べ，息つぎがしやすく，言葉を分節化しやすいこともわかってきています。音の高さ，歌のテンポなど，その状況において設定でき，繰り返し行うことができます。また，伴奏を必要とせず，声が主体となって歌を導いていきます。

　身振りなどの動きを伴うことも意味を持ち，こどもは身ぶり手ぶりの動作をしながら単語を口に出すことで言葉を体得していきます。

　マリア・モンテッソーリは自発的創造と言えるこどもの言葉の発達について語りました。そしてマリアは，こどもを見つめるとき，創造のなかに見なければならないことがあり，それは，真の見通しであると述べています。

　こどもの重要性とは，こどもが何事でも可能にすることです。まさにこどもは自らが主体的に創造の道を歩む存在であり，真の開拓者であるとマリアは語り続けました。

　「Personality」の語源はラテン語であり，per が「人」，sona が「響く」の意味を持っているようです。人と人は呼吸を合わせ，調子を合わせ，互いに歌うことで，共鳴し，共感し，「響存」します。この関係においてこそ，社会的

存在としての自立と共存の道が拓かれていくように思われます。

　ある講演会で，人間は，一人ひとりには与えられた特別な楽器とも言える声を持つことを聞いたことがありました。ここで話された生きた声は，自己の存在を証し，他者との一致を生み出すものであると私は理解しました。

　この天の恵みを伝承文化に繋いでいくことが人を育てていくことに関与していくような気がしています。

　そして，昔ながらに引き継いでいく童歌をよりよい社会の構築，平和の実現に生かすことが私たちに与えられた未来への創造の鍵であると考えています。

　それから徐々に，無意識な運動に伴うリズムを考えてみました。

　胎内の赤ちゃんは初めただ一つの胚細胞から生命の営みを開始し，心臓の拍動を始めていきます。今日この分野は電子レベルでメカニズムが明らかになっているのですが，マリア・モンテッソーリは生物としての感覚と動きの本質を絡め象徴的に語っています。

　本章では，リズムと生きる力という観点からマリアの教えを辿ってみることにしましょう。

　「幼児の秘密」の著書において，マリア・モンテッソーリは次のように述べています。

　「胚細胞は（略）すみやかに分裂して，いつも新しい細胞になる。心臓，それは小さい気泡にすぎません。すぐに前もって定められたリズムに従って鼓動しはじめ，母体の心臓が一拍に要する時間に，二度たゆまず打ち続けます[7]」。

　マリア・モンテッソーリは，生命の発動機にほかならないからであることを私たちに示しました。

　化学的な生命反応は出ても，医師が胎児の生命力を見極め，初めて母親に直接「おめでとうございます」と声を掛けるのは，赤ん坊の心臓の動きを目視で確認してからです。母親はこの時初めて，自分の中に自分と特別な関係をもった別の命が育ち始めていたことを自覚するのです。

　マリア・モンテッソーリが指摘するように，この時点ですでにリズムは始まっていました。心臓が一定の安定した速度で動くとは，こどもにとって「生き

る証そのもの」です。

　同時に前編で明らかなように，胎内で聴く母親の声との出会いが極めて重要
になることを改めて考えてみました。

　イタリア語の動詞 suonare「演奏する」は，童歌の意義において重要視した
概念 personality と共通の語源を持っています。ラテン語の sona「響く」です。

　この語は同時に，演奏と作曲の歴史において，音楽構造の頂点として 18 世
紀古典派の時代に完成され，近現代もなお，その応用形が創作され続けてきた
［ソナタ］の語源にもなっています。声や音を奏で伝え合うことと，演奏構造
を通して人格の高みを表現する活動の根幹には「響き」という共通の原理があ
ることを，私たちが認識してきたことと合わせて実感してみましょう。

　Suonare のもう一つの特徴は，英語 play やドイツ語 spielen には［演奏す
る］という意味に加え「遊ぶ」という概念が共存するのに対し，suonare には
存在しないという点です。

　共に音楽活動に関わる語彙でありながら，suonare はあくまで「奏でる」，
「響く」，「伝える」，「告げる」概念に徹するのでした。それと近いことです
が，日本語の「奏でる」にも，「（目上の人に）お伝えする」「申し上げる」と
いう意味があります。

　マリア・モンテッソーリの母国語 suonare の概念からは，こどもが演奏を
始める過程と援助の仕方について考察することができます。「童歌」から「奏
する心」へ至る道は，人間発達のごく初期から結ばれているような気がしま
す。

　次に，こどもの合奏活動の基盤として，童歌が不可欠な根拠を次からもう少
し詳しく述べることにします。

　童歌で明らかにされた，母親に対する大きな安心感から芽生えた「人への信
頼，環境への信頼」は，そのまま教師との関係に通じていきます。森の事例で
は，ある 3 歳児が提示によって手首のコントロールと両手の供応動作を洗練さ
せ，奏でる楽しさに目覚めていく[8]。

　音と動きそのものが，言葉の代わりとなって，こどもに演奏の本質を伝えて

いるこの過程はモンテッソーリが遊びをそのように言う「お仕事」の提供法と何ら変わりはありません。そして本当に美しいものや心から知りたいものに出会ったときには、こども達は楽器を乱暴に扱ったりせず、興味をもってじっくりと見聞きし、丁寧に触ることがわかります。

このことは、教具と同様な「お仕事」の結果と言えるのでした。

また、どんなこどもの演奏にも現時点での認めどころがあります。こどもが自分から選んで来ただけで認める場合もあります。教師は、音色、やる気などを具体的に認めることが大切であると考えています。

これらは例えば、教師の提供のなかでこどもが発した言葉や書いた字を、決して否定しないのと同様です。それは、楽器から出る音がどれほど未熟であってもその子の「声」そのものと捉えるからです。

こどもは正しくきれいな音が出る方法に気づくと、同じ音を、同じように出そうとします。教師の提供に興味関心を抱き、美しい響きを知らせていきます。

こども自身が自己と向き合い、他者に認めてもらった経験を伴う演奏は、やがて他者と呼吸を合わせる楽しさに繋がっていくことが理解できます。

▋ 童歌の基礎

ピアノ教育者バスティンは、12の全調を早期に導入するメソッドの創案者として知られるが、彼は初めにまず黒鍵盤を紹介しています[9]。理由は視覚上見つけやすいことにあり、彼は二つの黒鍵のかたまりをやがて「目印」として使用するのでした。

教師が二つの黒鍵の音程を使うと、日本語では「○○さん」という呼びかけと、「はぁい」という返事の自然な抑揚が表現できると気づき、バスティンは「名前と返事」という小品にすることを考えました。

自らの教本に挿入し、こどもの名前を自由に入れて演奏させたのです。

バスティンは、「教師は文化的に日本のこどものための演奏教材の必要性を

認識すると同時に「自分の名前を呼んでもらえるのは，喜びである。一人一人呼びかけてあげることで，この音楽本は自分のものだと実感し，大切にしてくれる[10]」と述べています。

「名前と返事」は日本の童歌の基本的音程でもあります。鍵盤楽器以外に手拍子，打楽器，木琴類などの活動に保育でも広く用いています。

音程のみで弾ける日本の童歌は多々あります。「なべなべそこぬけ」や「たこたこあがれ」は，その代表作と言えることでしょう。

日本語の基本音程を大切に育んでいきますと，創作の過程から，連打や八分音符などの技術が自然に浮かび，同様に昔の遊びを追求しますと，明治時代から時代を超えて日本の国に引き継がれている「お手玉唄」の存在に気付きます。

現代は，働く母親の増加に伴い，お手玉を縫ってもらうこともなければ，お手玉唄を歌うような母親の姿もほとんど見られなくなりました。

保育者養成校のなかの授業実践として，大学の授業では昨年度まで毎年のようにお手玉遊びとお手玉唄を学生たちと一緒に楽しんできました。

教師と一緒に練習し始めるものの，お手玉遊びはなかなか上手くいきません。しかし，初めは1〜2回しかお手玉ができなかった学生も，徐々にリズムをつかめるように変化していきます。

授業の始まる前にも後にも「できるときに楽しんでお手玉チャレンジができる」という方策をとってみました。少しでも上達したときには，「できたね」「よかった」などの認めの言葉掛けも大切にしました。

教室の一角で，友達同士が自主的にお手玉唄を練習する姿が少しずつ増えていきました。自分で試みるだけでなく，皆と一斉に行うとき，また，順番に成果を見合う場を設けるなど，多様な形をとっていったことで，自信が生まれてきたように思います。

お手玉は，伝承遊びの中でもお手玉操作がやや難しいのですが，手・指先を多く使うことにより，幼児期に著しく発達をする脳・神経系への効果が期待できます。

　さらに，幼児期には是非とも経験させたい運動遊びと言えます。

　手・指先を多く使うということは脳への刺激が著しく頭の良いこども，器用なこどもへ成長することが期待されるものです。

　また，お手玉は地方により唄の歌詞や運動方法が異なるのですが，お手玉遊びを保育の中で生かせるようにこどもの幼児の運動発達に応じた工夫やアレンジをし，集団で行う中で，段階的に技能が習得できるように運動方法に変化を付けた動きのできるお手玉唄の実践を試みることにしました。

　乳幼児期は創造の時期であることは疑いの余地もありません。不思議なことではありますが，生まれてから一年そこらで赤ん坊は何でもわかってしまうのです。

　こどもがやってのける創造は決して小さなものではありません。

　握る，叩く，振る，手足をバタバタさせる，泣く，声を出す，舌を動かすなど，赤ちゃんがお母さんとの安心感の中で反応し，発声発語していく過程で，興味があるものを見つけると，腕を伸ばし，身体を伸ばし，足腰を踏ん張ることを試みます。未熟さや無意識な心は一段劣る心という意味ではありません。

　マリア・モンテッソーリからは，意識的な心も知性に富む心であり得るのではないのでしょうかと，問いかけています。

　0歳の赤ん坊は物を握るととたんに，初めて物が握れたその自分の手に対して意識を呼びさまします。

　目が合わない，お母さんに応えてもらえない，立てない，歩けない，握れない，歌えないことなど，多くの課題と言われることに出会うかもしれません。

　しかし，与えられた楽譜が弾けないからこどもは楽器ができないわけではありません。ここで大切なことは，困難なこどもの音楽活動を，発達面から正確に見きわめ，本当の悩みを解決し，喜びのある活動に切りかえていくことであり，それらのことは言うならば大人の責務であるということがわかっていただけることです。

　このようなことに関連し，述べますと，マリア・モンテッソーリは，こどもの言語習得について「どれほど立派な楽曲を扱ったとしても，守り育まれた心

と文化や家族の記憶に基づいた歌の本質が結びついていなければ音楽活動を真実の人間の育ちに到達することはできないと語るはずです。

同様に，音楽活動以外の季節活動もこどもには魅力があります。

春には桜の花びらを集めて園庭ではしゃぐこどもの姿が見られます。夏には青い空と海の波に包み込まれる元気なこども達，秋には栗の実，落ち葉の遊び，冬には雪だるま造り，雪合戦など。どれを取ってもこどもの文化が生き生きと描かれているシーンを思い浮かべます。

ここでは，こどもの冬の遊び場面（**図 5-1**）を記録しておきます。

日本の伝承文化である童歌を丁寧にたどり，そのうえで，他者の生き方や文化を尊ぶ精神性を伴ってこそ，伝え合うことを軸にこどもの輝きが見られることは誠に尊く素晴らしいことだと私は思います。

童歌における母音が意識され，身についていれば，母音は余韻と置き換えられ，楽器は奏でる人の文化を心の鏡にして美しく伸びやかに演奏することができるはずです。

美しい響きを生み出すためのいずれの要素も，乳幼児の感覚の発達と，母体との関係性をスタートとした自立への歩みが不可欠な要素となることが少しずつですがわかってきました。

図 5-1　「ぼく，雪だるまとお話したよ」

　童歌には，今後の一研究として，言語や歌の領域にさらに深くつながるという期待も持ちますが，育ち合い伝え合う人の営みに，こどもの成長と幸せを祈るモンテッソーリの願いが込められていることに何の変わりはありません。

A study on the children's song in the Montessori method: consideration of
the significance in succeeding to the culture related to children

Recently the method of Montessori is recognized again. It is being revalued because the childhood education is getting much interest and it is at a standstill in advanced countries. The contribution of Montessori is in the limelight, not as one teaching method, but as a clue to establishment of "character building" in perspectives on education, human, and children. The study considers the characteristics of perspective on children and the childhood education, which have been converted and effected by Montessori from modern times onwards. The study also suggests that the need to support the creativities of children, proposed by Montessori, is increasing today.

引用文献

1) マリア・モンテッソーリ　鼓常良訳（2002）『こどもの心』国土社，p.122.
2) 正高信男（2001）『こどもはことばをからだで覚える―メロディから意味の世界―』中公新書，p.1.
3) 同上書，p.7.
4) 同上書，pp.4-6.
5) マリア・モンテッソーリ　吉本二郎，林信二郎訳（2005）『モンテッソーリの教育・0歳～6歳まで』あすなろ書房，p.46.
6) 前掲書1）pp.132-133.
7) マリア・モンテッソーリ　鼓常良訳（1968）『こどもの秘密』国土社，p.62.
8) 前掲書1）p.132.
9) 正高信男（1993）『0歳児がことばを獲得するとき―行動学からのアプローチ』中公新書，pp.101-110.
10) スティーヴン・ミズン　熊谷淳子訳（2006）『歌うネアンデルタール―音楽と言語から見るヒトの進化―』早川書房，p.116.

第 2 部
こころの治療（保育）

ミキャット・マル

第 **6** 章

モンテッソーリ教育における
治療教育に関する考察

▎治療教育の考え方

治療とは，果たしてどのようなことを指すのでしょうか。

辞書を引くと，病気やけがをなおすこと。病気や症状を治癒あるいは軽快させるための医療行為であることがわかります。個の障害は生活や学習における大きな負荷要因となるものです。

保育における治療教育とは何でしょうか。

モンテッソーリ教育における治療的教育実践を通し，それら障害の改善又は軽減を図ることは障害児教育の一大課題ではないのでしょうか。

第2部の扉の猫「ミキャット・マル」は，オス猫ですが，雄々しい様子も見られず，生後間もない頃から視力が少し弱いのか，目やにを出すことが多い猫です。

人間も「生まれつき」という赤ん坊が多く，医学者はそれらに対して，「成長と共に付き合う」というように語ることがあるようです。

治療とは，病気が治るとひと言で言いきれない症状があり，治癒しながら歩んでいくこと，それは，病気と言い切るのではなく，徐々に育つというのか，「歩」と言う風にも考えられないでしょうか。

あるとき，両親や教師をはじめ，周囲は，子の症状に対して，「遅れている」と捉えずに，「個性」と見る場合も存在します。私には，このような「見守り」が，マリア・モンテッソーリの考え方では「治療」と言えるような気がします。

　モンテッソーリ教育法にはいくつかの共通点があります。マリア・モンテッソーリは全てのこどもを良く育てたいと考えました。それは，こどもの才能や個性に合わせて学習できることであること，こどもの自主性を伸ばすことなどを取り入れた治療教育であるとも考えられます。

　現代，日本での小児医療の場は，高度化・煩雑化し，病児の治療・療養の場は徐々に変化してきていると言われています。

　従来から病気をもつこどもに与えられる医療の場は，治療を目的としていたため，入院治療している病児に対する日常生活援助や発達支援というものが充分に提供されてこなかったという問題があります。

　これまでの小児病棟の現場では，保育士資格を有した保育士が病棟保育士として病棟で保育業務を行っていましたが，こどもの入院環境を改善するため病棟内に保育士の導入と同時に，プレイルームの設置が加わりました。

　新型コロナウイルス感染症の発生から今，取組は休みとなっていますが，姫路獨協大学でも「わくわく」というプレイルームに月に一度，気になるこども（保護者）が機能訓練や遊びに見え，私も行けるときはお手伝いに行かせていただきました。作業療法学科の先生方や看護学科の先生方が主体的に取り組まれ，コラボされ，こどもに有意義であり，とても素晴らしい取り組みでした。

　こども保健学科からも教員が保育の提供をし，簡単に親子で作って遊べる制作のときを設けて楽しみ，協力してくれる学生たちが季節の歌や手遊びを親と子に伝達しながら共に学んでいた姿が清らかな情景として心に残っています。

　子育て支援の動向も様々で，地域と共に変化しています。近年は働く母親が急増し，家庭は多様化複雑化する時代です。子育て支援室を訪れられる母親は，「どのようにこどもを育てて良いのか，わかりません」と，率直な声をあげられることもあります。

　また，小学校の学習意欲に繋がる「後伸びする力」が，乳幼児の時代に上手く育てられない家庭の環境にある場合も見られます。

　このような動きの背景には，従来，園や施設の保育士ではこどもの生活支援や発達支援に関わりながら，小児医療の専門分化や高度化に伴い，充分に支援

できない状況が出てきていることも同時に考えらます。

　日本では，乳幼児も含め，入院中のこどもへの発達の保障のため，生活環境の整備，遊び，教育に眼が向けられ始め，病棟への保育士配置が増えており，保育士としての専門知識及び技術が充分に得られることが期待されます。

　時代の背景から治療教育を考えていきますと，医療と保育の響き合いのなかからも，マリア・モンテッソーリの人間観やこども観，そして，発達や教育の観点についての論理が見え隠れするように思われます。

　我が国での保育士養成における教育では，健康なこどもの保育を中心に教育課程が組まれ，本大学でも乳幼児期のこどもの心理や養護が幾つかの単位数を占めています。

　病気や障害のあるこどもの保育や学童期・思春期のこどもについての発達心理学，精神保健など，対象理解のための科目が設定されていますし，病気や障害については障害児保育，小児保健なども専門的な知識に直接的な医療現場で求められる科目です。

　一部の学生からの声ではあるのですが「病児と接するのが難しい」，「どのように病児と関わりを持てばよいか，言葉掛けなどわからない」といったような呟きが聞かれますなか，現状の保育士養成における基礎教育だけでは医療の場で仕事をするのに不安が強いことも感じています。

　保育士が医療という特殊な環境のなかで働いていくためには，保育の知識や技術を身につけている上に高度な専門知識が要求されることでしょう。

　そのため，医療現場に保育実習に行く学生は，一般的な専門知識を得るため，勉強し，自分のなかに知識を取り入れることが大切になっていきます。

　知的障害児とこころの治療を考えますと，人間科学の未開発時代においては，知的障害児に対する教育の動機は生成される基盤がありませんでした。

　19世紀にイタール（Itard, J.M.G.）による野生児に対する教育実験は，障害児教育史に深く刻まれる画期的な出来事でした。

　イタールの感覚・知能・感情を訓練対象とした治療的訓練法は，知的障害児の治療教育体系化へと布石を投じたのでした[1]。

　イタールの業績は，さらにセガン（Seguin, E.O.）によって継承され，感覚運動訓練の体系化として生理学的教育を樹立することによって知的障害児の治療的指導原理が構築されたようです。

　このような治療的訓練目標は感覚から観念へと続き，抽象から道徳性への到達プロセスに存するものであったと捉えています。

　感覚を基盤とする形而下的方法から形而上学的世界観へと導くモンテッソーリ教育の形式面においてセガンの示唆する面は偉大なものであったに違いありません。

　いわゆる治療的な教育は，イタールやセガン以後，グッゲンビュール（Guggenduhi, J.J），ゲオゲンス（Geogens, J.D），ダインハルト（Dein-herdt, H），モンテッソーリ（Montessori, M），ドクロリー（Decroly, 0），ヘラー（Heller, T），ハンデルマン（Hanselmann, H），ムーア（Moor, P）アスペルガー（Asperger, H）らにより展開されていきました[2]。

　これらの人々によって実感された治療教育学（Heilpadagogik）の概念は，その立場によってそれぞれのニューアンスは異なるようでしたが，いずれも治療と教育の両概念が含まれていたようです。

　モンテッソーリが重視したこどもの観察はミクロになされ，行動の現象的把握から内面的把握が重要に思われました。

治療教育とモンテッソーリ教育

　治療と教育は元来異概念であり，いずれかが主体目標をもつことにより，治療教育の立場は異なることが明らかです。これが極端な場合には，一方の立場が強調されることによって他方の機能を欠落することも予想されます。

　従来の障害児教育では，治療と教育が機能面のみならず領域面でも分離的に捉えられていました。すなわち，学校教育という枠組における特殊教育という場合に，その構造は教育であり，治療という観点は見出せませんでした。

　ところが，今日，障害が重度化，多様化している教育現場では，教育と治療

を分離することは実際的ではなく，教育と治療の上位概念に位置づけられた治療教育学の導入を必要とされていることに気付きます。

医師でない教師の立場は，やはり教育的手法によるアプローチに依拠し，治療はそのアプローチの一構成要素として配慮していくという立場にならざるを得ません。治療行為は，たとえそれが教育的方法を用いたとしても，それはあくまで手段であり，目的ではないのです[3]。同時に，教育にはそれ自体の目的の遂行が存在します。

障害児に対するモンテッソーリ教育法は治療科学的（heilwissenschaftlich）であり，治療的機能は実践の構成要素を形成し，実践自体は教育学的（pada_gogisch）な点に特色があります。

今日，治療行為を含まない教育行為は現実的ではありませんが，児童福祉施設などにおいては，治療教育は以前から実践されていることも聞いています。

本邦における治療教育の先覚者として，三田谷啓（1881-1962）について著書を拝読していきますと，三田谷は『治療教育学』の著書のなかで，「五官作用の不完全なものも対象となり得るが，知力不足と性格異常の場合に制限し，治療教育は心身の状態の改善を図ると同時に，反社会的行為に対する予防的意味を含ませている[4]」と述べていました。

三田谷は，治療教育で観察を最も重視している研究者であり，モンテッソーリが児童観察を教育活動の基盤と考えた点に共通点を見出すことができます。

治療教育に際して注意を集中させる方法を講ずることを指摘し，五官を発達させるためには作業と遊戯を与えるのが良いと思われる論理です。

さらに三田谷は，それぞれの個性に基づいた全人教育を提唱しています。『精神薄弱児に対する治療教育』の著書のなかで彼は，「教育は治療教育補助学科ではなく，治療教育そのものでなくてはならず，治療教育は障害を受けた個性の改善を図る教育学と見ている[5]」と，述べています。

このことに関連して，教育的治療学を提唱した他の研究者たちは，肉体的，生理的に欠陥のアンバランス状態として知的障害を捉え，このバランスがとれないものに訓練を行い，精神と肉体とを相関的に発達させることにより精神活

動を活発にさせ，あわせて性格の矯正を行うことを目的としました[6]。

　これらの研究による教育治療学は，「労作的な面を導入しているのですが，心練教具や心練体操は個性的なものであり，筋肉系の訓練を基本とし，直観教具による感覚・注意力の訓練，さらに数・文字の指導へのシステム系列はモンテッソーリシステムに類似面をもっている[7]」と言われていたようです。

　治療教育法として，筋肉・感覚機能の訓練と心的機能の訓練の方法は，前編のイタールからも引き継がれていました。また，内在するモンテッソーリ教育法も例外ではありません。

　さらに角度を変えて治療的立場から考えてみますと，モンテッソーリ教育法は間接治療的アプローチが強調されるように感じられます。しかし，ここで述べます治療と言う観点は，心理療法に対する環境療法と同義ではありません。

　こどもの内発的動機づけや意欲を高め，自発的行動ができるように，教師はこどもに意味ある環境を提供し，こどもを援助する立場において間接的な存在なのです。

　自律的行動が困難なこどもに対しては，指導者はそのこどもの心理を洞察することにより，直接的な介入と援助をしなければならないように思います。言葉を聞き取り，そのことにより援助を求められたと判断し，援助を行うことを重要視するのではなく，言葉のないところにもこどもの声を聞きとれる教師が治療教育には求められるような気がします。

　物的環境に対する知覚行動の面では，知的障害を抱えたこどもは，集中性が困難であると思われます。訓練的な手法には，様々な生活からの見直しが必要になってくるかと推察します。

　モンテッソーリ教育は固定化された発達課題はなく，こどもの潜在能力を引き出していく正常化への道のりです。マリア・モンテッソーリは，知的障害児も，正常児も，その教育の動機や人間観は同じでなくてはならないことを語り続けました。

　教育は，こどものこころの治療に関して，意図するところは同じ点を指摘しているように思われます。

　モンテッソーリの人間観に対しては理想を追うものと受け止められ，ときに個々の教育の現実性を無視するものとして批判されもします。私は，思想として教育の根の部分を見つめようとしない人によるものであり，モンテッソーリ教育を解していないように思うのですが，どうなのでしょうか。

　また，障害児の治療教育においては，最も重要な前提は，人間に対する愛と可能性への信頼であると考えています。

　マリア・モンテッソーリは筋肉教育の正常化への手段として free move-memt（自由運動）をとりあげていますが，身体エネルギーの発散が精神衛生，精神機能に良い影響を及ぼすよう，身体機能の改善に向けられた治療的環境がとても大切な要因であることは確かです。

　現代も未だ，知的障害児においては敏感期の概念を発達事象のなにに捉えるかについては明確ではありません。

　あるとき，ダウン症児の超早期教育の効果を実践で示し，教育の最適の時期について考察されたこともあったようですが，一人のこどもについてどの程度の感動体験や，伴う「遅れ」と受け取る知的な数値は，モンテッソーリ教育においても確実な結果は実証されていません。

　しかし，教育者や科学者による知的障害児の発達事象を緻密な観察を続けていくなかから，臨床的発達像を個別に捉えることが可能となり，適時の訓練の把援や課題の手がかりが得られることが段々に進歩している時代となりました。

　海外の小児センターではモンテッソーリ教育法を導入し，発達面で遅れのあるこどもたちや重複障害児のための治療教育法の手段として開発され，その成果が認められつつあるようです。

　早期診断・早期治療及び社会へのインテグレーションの知見は，幼児期の治療教育には重要と考えています。

　マリア・モンテッソーリ（1981）『こどもへの愛と生涯』リタ・クレーマー（著）三谷嘉明（翻訳）の著書のなかで，三田は「こどもは神から母体に授かった個（命）であり，個が障害をもつことにより，大人は育てられるものであ

る」ことを伝えています。

　しかし，日本では障害児の早期治療教育の必要性がまだまだ認識されていないのが現実であるように感じています。

┃ こころの治療が持つ意味

　0歳からのこどもの成長は，私たちに保育の大切さを気付かせてくれました。

　日常生活の営みを通して，自己を発展させたこどもは，いつの間にか0歳〜1歳・2歳・3歳と成長し，やがて「一人でできるようになる」ということばかりでなく，周囲に目を向けていくようになります。

　こどもはやがて思考と運動のどちらも身体に取り入れながら，やがて，モンテッソーリの願う「開かれたこどもの心」を知らず知らずに養っていくことができるようになります。

　このことから私は，マリア・モンテッソーリが知能や感覚を測定することでのみ判断する測定主義の心理学の立場はとらず，数遊びの教具やこどもの発達を促すための道具ではなく，自己教育の手段を重視した意味を知ることができました。

　そして，さらにマリアが精神的に活動し，成長しようとするこどもを対象としてこどもの内面に潜めるエネルギーに着目したことに共感します。

　観察，理論態度，こども本位の考え方は，人格の組織化理論として，総括されています。

　モンテッソーリは，この理論を「人格の自己形成」と呼び，自己形成はこどもの秘密であること。また，こどもが次第に自己形成しているのを見せなければ，大人はこどもの心の秘密に入ることはできないことを述べたのでした。

　自己形成のプロセスは，直接に観察できないものです。細胞の絶え間なき活動によってのみわかると言われています。

　このことより，モンテッソーリは著書『モンテッソーリ・メソッド』（1973）

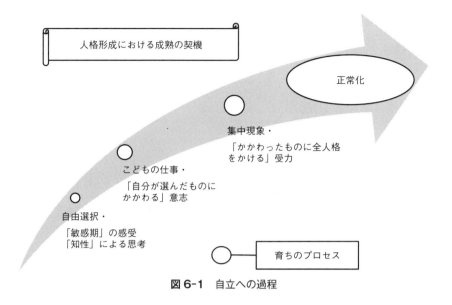

図6-1　自立への過程

明治図書（pp.66-71）のなかから，自己形成のプロセスは隠れた心の主導的諸力だと述べています。**図6-1**では，こどもの育ちのプロセスを人格を培う自立への過程として示しました。

　さらに，マリア・モンテッソーリと同じように，19世紀において活躍を遂げた精神哲学者ヘーゲル（Hegel）は，精神自体は見ることも把握できるものでもないが，現れるところで始めて，精神が働いていることが確認できることを明らかにしようとしました。

　モンテッソーリもヘーゲルの論述と同じ思想を持ち，精神とは，深遠なところに隠れているのであり，動物の本能のように現れることはないことを告げています。

　こどもの姿をしっかり捉え，そのこどもの自発性を尊重し，一人一人が豊かに自立・成長していく手助けをする治療教育方法。それは，上から教え込む学習ではなく，いま，そのこどもの興味に添い，様々な教具や教材を使うことによりこども自身が豊かになっていくよう，モンテッソーリ教師が手伝いすることです。それらのことを，こころの治療「保育」と発しています。

お仕事（遊び）の時間では，各教室に意図的に整えられた教具から『自由に選んで遊ぶ→繰り返す→集中する→達成感，満足感を味わった子→他児に伝えていきます』。

この環境のなかから自立心が培われ，優しいこどもへと育っていくと捉え，こどもの活動を達成する循環のしくみについてまとめてみました（**図6-2**）。

選択とは，自主的にやりたい活動を自分で選ぶことであり，自分で選択した場合，集中しやすく，達成感・満足感が得られていきます。それらは，繰り返し反復しながら，能力を身につけていくものです。

モンテッソーリ教育では，このような学習サイクルを生活のなかで育んでいます。

以上を基に，モンテッソーリ治療教育の課題について考察してみましょう。

モンテッソーリ教育法はそのねらいや環境によって，教育目的にもなり，治療目的にもなる，というフレキシブルな構造をもっているとされる指摘があるように思われます。

しかし，果たして機能目的に応じて明確に分化し得るほどに研究は進んでいるのでしょうか。モンテッソーリ教育法は教育と治療の目的を同時に持っていることは確かに受け止められますが，モンテッソーリ治療教育の確立に対して

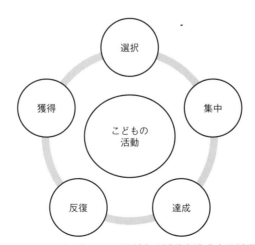

図6-2　conceptual scheme：こどもの活動を達成する循環のしくみ

は具体性が見えていません。

　重い障害児に対しては，確かに治療の機能的側面が大きいと考えますが，こどもの姿によってこころと体の両面の治療が違っています。そして，それは同時に教育に連携する視点が明らかに見えて来ない場合があり，難しさを覚えます。

　教育的視点を欠く単なる療法的導入ならば，モンテッソーリ治療教育からは逸脱する危険が伴います。しかし，実践の場面では，療法的ステップがあることも事実です。

　教育の文脈構造のなかで，モンテッソーリの教育的視点をもつか否かが，評価の分妓点となり，先に述べましたように，選択とは，こどもが自主的にやりたい活動を自分で選ぶことであることが大切なことです。

　こどもが自分で選択した場合，仕事（遊び）は集中しやすく，達成感・満足感が得られていくものです。それらは，繰り返し反復しながら，こどもに能力を身につけていくものであることを忘れずに教師はこころの治療を行ってほしいと願います。

■ こころの治療の研究

　私の研究では，こころの治療（保育）に関しての研究は 3 年目を迎えました。

　今，日本では，病気のため入院生活を送る子どもたちの院内での生活の質を向上させるため，病棟保育士の導入が進められています。

　病棟保育士の役割には，母親的な役割，子どもの生活並びに発達援助，環境構成，心理的サポート，病気の克服あるいは意欲の向上などがありますが，同時に保育職の導入効果としては，不安，抑鬱などの軽減や緩和，遊びによるフラストレーションの解消，生活指導などが認められており，医療保育専門士，看護スタッフとともに病気の子どもを支える病棟保育士の役割は非常に重要なものと考えられます。

　保育士が医療と密接に係わる領域としては，病院・診療所（病棟，外来），病（後）児保育室，障害児施設などがあります。

　また，保育実習Ⅲの科目においては，希望する学生が「障害児施設」や「発達支援を行う児童施設」「乳児院」などにも実習に行くことが出来，学生のなかには特別支援教育を進んで受け，医療と保育について積極的に学ぼうとする姿も見られます。

　本学科では，少数ではあるがこのような真摯な姿の学生を育てたいと願い保育士養成に努めています。

　2年次からの研究では，病棟実習に臨む学生に何を育てたいかをオラリティ（声の文化）の独自性を重んじながら，学術的に追及していくことを基本にしました。

　発達に躓きのある子どもが意欲を持ち，壁を乗り越えようとするとき，保育者と病児の信頼感ある「生きた言葉」が子どもの心を動かしていくのではないのでしょうか。

　私は，このように子どもの発達の違いや個人差を捉え子どもの立場に立てる保育実践を行うことが研究目的を達成するものと捉えています。そして，こども園に通うこどもを始め，病児の支援を様々な角度から考察していこうと思いました。

　日本の国では，医療保育士が働く病棟は徐々に増えてきているようですが，小規模な市では，病気の子どもを預かる施設も少なく，年々増加している「働く母親」は困り果てる現状にあるように思われます。それらを救う病児のための一時預かりの場「チャイルドケアーセンター」もこども病院と合わせ，本研究の導線に置き，調査をしていきたいと思いました。

　発達に躓きのある子どもが意欲を持ち，壁を乗り越えようとするとき，保育者と子どもの信頼感ある「生きた言葉」が子どもの心を動かしていきます。

　同時に，子どもの発達の違いや個人差を捉え子どもの立場に立てる保育実践を行うことに保育の貢献として大きな意味があると考えました。

　学生たちが病棟保育実習を通して，病気を持つ子どもが生きる力を与える保

育士からの癒しの愛護性を知ることには意味があると考えています。また，保育士がどのような意識を抱き，発達の壁を乗り越える子どもの意欲を支援しているのかということに興味関心を抱きました。

　研究では，病棟保育士から子どもへの声の文化をアプローチすることを取り上げましたが，困難を感じることが多くありました。

　しかし，オラリティと社会の対面関係の視察調査からは，病棟保育士の「声掛け」による研究成果に基づき，将来の保育の進歩に貢献できる可能性があるような気がしています。

　それから，子どもが社会を知る二つの文化経路にオラリティ（声の文化・話し言葉）とリテラシー（活字の文化・書き言葉）が存在するのですが，今回の研究では，共在性を特徴とする社会関係を構築し，オラリティの本質と価値を明らかにしたいことを願いました。

　病棟保育士については，病棟保育士と通常の保育士との差異に関して，日本の国での先行研究を重ねてきています。障害を持った子どもや虐待による病児については，病棟保育士の「話し言葉，その共感する声を聞くこと」が心の傷を癒していることを他大学の研究発表からも感じ取る機会を得ました。

　いま，オラリティの追求から，医療現場では，情緒的な心地よさや心の安定，質の高い空間，子どもの主体性の尊重なども重視されていることが段々にわかってきました。

EQ 評価（Emotional Intelligence Quotient；こころの知能指数）

　ここでは，声掛けに関しての「認知」を目的に，他者と自己から生まれるこどもの心について図6-3 に示しました。
　心の知能指数（Emotional Intelligence Quotient, EQ）は，心の知能（Emotional Intelligence, EI）を測定する指標です。心の知能とは，自己や他者の感情を知覚し，また自分の感情をコントロールする知能を指しています。
　EQ の中でもとりわけ重要な能力として「認知能力」があります。認知力とは，今どういう状態であるかを客観的に把握する力のことです。

図6-3　概念図

カテゴリーは幾つかの概念から認知を導き出そうとするキーワードである。

　EQ の考え方をいかに社会で応用するか，EQ を伸ばす鍵は家庭教育にあるなど，1980年代後半になって，ピーター・サロベイとジョン・D・メイヤーの発案により，幾つかの説を軸に EI の概念の研究が開始されています。

　1990 年，彼らは EI の概念を知性に関する概念だと特定する論文[1]を発表し，その後も研究は続けられました。

　一方，EQ（emotional quotient）という用語は，ケイス・ビーズリーの論説の中で初めて学術的に用いられました（1987）。

　ガードナーを始めとする多くの心理学者は，IQ テストのような従来からの知性の尺度では，人の認識力を完全には捉えきれないと考えています[2]。

注：

1) Salovey, P. and Mayer, J.D. (1990). "Emotional intelligence." Imagination, Cognition, and Personality, 9（1990），185-211.
2) Smith, M. K. (2002) "Howard Gardner and multiple intelligences," the encyclopedia of informal education, Downloaded from on October 31, 2005.

　昨年度は，総合人間科学研究学会の倫理審査をしていただき，他大学との共同研究を行うことが出来ました。EQ 検査はその際に保育士の愛護性を取り巻

くこころの認知について，分析を行いました。

　このときの研究では，テーマに『病棟保育実習における保育士の存在と癒しの愛護性』を挙げ，病児のこどもへの治療にかかわる看護師（保育士）の愛護性を調べていきました。

　海外視察としての「フランスモデル」から考察すると，日本の国は先進国と言われながらも人の考え方が受け身であり，病児の子どもは入院すると病院側の計画に沿った治療を受けざるを得ないのですが，フランスでは子ども側に主導権を持たせた治療の方向が開発されているようでした。サンタントワーヌ病院は，バスチーユに近く，市場やカフェに囲まれた庶民的な下町にあるパリ第6大学病院センターで，「教育棟」が存在しています。実践的臨床病院であり，教育者（看護にあたる者）の養成に務め，日本で言う実習生を多く受け入れているようでした。

　今後，医療保育士の使命についての再認は，日本とフランスの比較において行っていきたいと考えています。また，同パリ12区には，アルマン・トルソー小児病院がありました。小児のための医療施設であり，市民のための家族支援の病院です。ここでは，看護スタッフが勤めており，医療保育士がいないため，アンケート調査はできませんでした。

　しかし，病児の心のケアがなされる環境は多く，感動しました。治療に繋がる絵本，読み聞かせ場面など，無理のない可能な範囲で観察させていただくことができました。視察（観察）からも日本の医療保育現場との差を学び，今後の研究に取り入れていきたいと考えているところです。

　アンケートの予定では，次のような項目を考えて作成しました。

　　　　医療保育の方針から保育士に対して，一番大切にしたいことは何か？
① 知識　　② 態度　　③ 病児へのかかわり　　④ 資質
病児に生きる力を与える声掛けはどのようなものか？
保護者に生きる力を与える声掛けはどのようなものか？
病棟《保育室》の生活では，

---

①かくこと（制作・絵画・文字）で遊びを行うことが多いのか？
②よむこと（絵本・読み聞かせ）で遊びを行うことが多いのか？
実習生に一番育てたいことは何か？
　2008年以前と以降では，フランス（日本）の医療と保育はどのように変化してきていると考えますか？

《フランスの病院宛参考資料：France》

Hôpital Saint-Antoine, aux assistants maternels médicaux
Je vous remercie pour votre collaboration. J'aimerais, pour mon étude de recherche privée, demander aux assistants maternels médicaux de répondre à une « enquête ».
Veuillez répondre de manière simple aux questions suivantes.
Pour la question (1), veuillez entourer la réponse a)・b)・c)・d) qui vous convient.

(1)　En tant qu'assistants maternels, quelle est la chose la plus importante pour vous?

a)　La connaissance
b)　Le comportement
c)　La relation avec les enfants malades
d)　Les dispositions naturelles

(2)　Que dites-vous aux enfants malades pour leur donner la force de vivre ?
(3)　Que dites-vous aux parents pour leur donner la force de vivre ?

Pour la question (4), veuillez entourer la réponse a) ou b) qui vous convient.
(4)　Dans le bâtiment de « salle de garde d'enfants »,
a)　Passent-ils le plus de temps à écrire (créations, peintures, écritures) ?
b)　Passent-ils le plus de temps à la lecture (livre d'images, faire la lecture) ?
(5)　Quelle est la chose la plus importante que vous souhaitez enseigner aux stagiaires ?
(6)　D'après vous, en comparant avant et après 2008, quels sont les changements apportés dans les soins médicaux et la garde d'enfants en France ?

Ce questionnaire est terminé. Je vous remercie pour votre collaboration.

これら調査においては，問題点が生じ，結果が上手く引き出せませんでし

た。それは，病児に関わる保育士が看護師であるかどうかについてが，曖昧であり，調査の代理をお願いした研究員の方からの解答が正しく得られませんでした。

　Franceでの研究は「視察」となりましたが，教育的研究として学ぶことが多くありました。また，Franceの国は，街角で出会うと誰もが「bonjour」と声を掛け合う姿が優しく印象的でした（**図6-4**，**図6-5**）。

　現代社会においては，絶対的効力をもつ治療教育法というものは存在しないように思われます。しかし，保育のなかでは，生活を通してよりよい治療教育法に改善していくことができるように思います。

　目新しさだけの教育ではなく，こどもを大切にした地道な科学的な追求が，今日のこころの治療教育の課題と言えるのではないのでしょうか。

図6-4　Franceの小児病院「癒しの玩具」

図6-5　Hôpital Saint-Antoine「外観」

A Study of Remedial Education on the Method of Montessori

What is therapeutic education in childcare?

A disorder of individual can be a heavy load on one's life and study. It's supposed to be an important subject on the education for handicapped children to work to improve or reduce the disorder through carrying out the remedial education on the method of Montessori. The study considers and derives that subject.

引用文献

1）西谷三四郎（1960）『新版　精神薄弱の医学』創元社，p.185.
2）井谷義規（2001）『治療教育学』日本精神薄弱者愛護協会，p.35.
3）同上，p.112.
4）三田谷啓（1932）『治療教育学』，岩波書店，pp.4-5.
5）三田谷啓（1936）『精神薄弱児に対する治療教育』岩波書店，pp.16-18.
6）川田仁子（1960）『教育的治療法をこの様に行う』愛護 31 号，pp.5-12.
7）川田はな，川合信道（1976）『精神薄弱児の治療教育に使用する心棟数具及びその使用法』pp.48-59.

第7章

人格形成における省察
（マリア・モンテッソーリ）

▌**0 歳からのこどもの人格形成**

　一人ひとりのこどもが，「自分」を持ち，生きること。こどもが一つの悪をも犯すことないように自分をコントロールできる人間に成長することを望んだモンテッソーリは，自己活動による自己形成を可能にするため，こどもを整えられた環境のなかにおき，自由を与え，教具の助けと異なる年令の仲間たちとの生活を経験させました。

　モンテッソーリ教育は，消極的教育あるいは，間接的教育と呼ばれているように，環境が重要な役割を示しています。

　イタリアの女性医学博士 Maria Montessori（1870-1952）は，幼児教育・モンテッソーリ教育法の開発者として，20 世紀初頭，こどもの心を重んずる新たな思想を提唱しました。

　このことによって幼児教育思想は，それまでとは異なるこども主体の画期的な考えを提起するものとして受け止められ，世界的に影響を及ぼしています。

　保育への質の期待が高まると同時に，日本でも，2008 年，幼稚園教育要領の改訂で「人格形成」という方針が打ち出されました。

　いま，一人ひとりの個性と発達に応じた深い観察を重んじるモンテッソーリ教育と同じように，日本の国でも，幼い頃からの人格形成の確立が求められているのです。

　マリア・モンテッソーリは，障害児への愛情を持ちながら，こどもの幸せを願い続けました。

生まれたばかりの新生児のなかには，泣きやすい児と泣きづらい児がおり，様々な個性をもっています。この新生児期からみられる行動特徴は気質と呼ばれ，新生児後の成長において，一番に母親を代表とする環境との相互交渉の結果，人間の人格が形成されていくようです[1]。このように，人格形成への教育理論には多様な説がありますが，私は特にこどもの精神と発達に視点をあて，人格形成について追求していきました。

用語「人格形成」について考えてみますと，マリア自身について疑問が思い浮かびます。「人格形成」をマリア・モンテッソーリはどのように捉えていたのでしょうか。

私はモンテッソーリが唱えた論理について，そのことばの持つ意味内容を知ることは，彼女の教育観と関係しているような気がしました。そこで，用語について調べてみました。

モッテッソーリの代表作ともいえる著書，『創造する子供[2]』第20章に「人格形成は一種の征服である」（La costruzione del carattere e una conqui-sta）と書いてあるのですが，文中の説明は「性格」であり「人格」と「性格」は同じ意味に使われていました。

しかし，原文はすべて「性格」であって，「人格」という語は見当たりません。さらに，モンテッソーリは，形成（La formazioe）といわずに建設（La costruzione）という語を使っていることがわかりました。

また，日本人が「人格」（Personality）という言葉を用いる時には，「性格」（Character）や「知能」（Intelligence）の上位概念であり「人格者」とか「人格の尊重」という表現により知られる通り，これらは価値を付与された言葉の表現であり，人間の品位を示すために用いられることが多いと捉えました。

このことから，「人格」という言葉は，道徳的に高潔であることや個人の絶対的尊厳を意味する言葉として，人々の間に定着していったと推察されます。

日本では「性格」という価値とは関係なく，事実としての「人それぞれ」の特徴，特性としての総体的な意味で使われているようです。

そして，ヨーロッパ人であるモンテッソーリが「人格の形成」（Formazione

della per-sonalita）としたのではなく，「性格の建設」（Costs uzione del car-attere）と書かれたのは「価値を含むパーソナリティを築き上げる」ことが意味されているようです。

　ここから注目すべき点は，マリア・モンテッソーリが「形成」（La formazi-one）といわず，「建設」（La costruzione）といっていることです。形成というと人為的に外部から第三者によってつくりあげられるような感じをうけますが，Costruzione は建物をたてるように環境という材料を使って自分を築いていくとの意味が含まれているように伝わります。

　構築を訳してみると「こしらえあげる」という意味があり，「自分をこしらえあげる」という人格形成をあらわすモンテッソーリの教育観が，この用語のなかに表れているようでした。

　さらに，モンテッソーリは人格について「自然に築かれる性格」（Construz-ione naturale del carattere）という表現を用いていたようです。

┃ こどもの性格と想像力

　マリア・モンテッソーリは，人間の歴史を引き合いに出し，進化の過程においてどのように人間の性格が築かれたかを次のように説明していると言われています。From Elenora Honegger Caprottityj, "Costruzione naturale del car-attere" II corso Montessori Internazionale a Bergamo Italia, 1977.

　「人間は動物界に属し，生物的には高等動物，霊長類の仲間たちと似通っていたが，基本的には違った生きものだった。この生物は二つの方向に従って進化を続けた。その一つは，他の動物同様に生き残るために食べること，種の保存のための生殖は，適応しやすい環境を見出し棲息するという自然の力，即ち，本能的な推進力であり，もう一つは知能という武器であった。人間の特色である知能は可能性として持っていたのであり，完全に成長したものではなかった。そして，この新しいタイプの頭脳には想像力（L'immaginazione）が

与えられていた[3]」。

　想像力（L'immaginazione）という人間の純粋な機能により，この機能によって少しずつ人は複雑化していきました。

　「性格」は人間とはまた別に動物も分類するようになったようですが，人と動物は違いがありました。その違いの一つは，人の内面に秘められた可能性は，自分の住んでいる世界を変化させ，成長の過程において，生きている環境をよりよいものに変えていきました。人間はさまざまな発見をし，文化を築いていったのでした。

　人間は想像力を自分の体の働きと思考する頭を使って，自己実現を徐々に成し遂げていったように思われます。

　それに対し，動物の適応能力は限界がありました。それは，遺伝的に受け継がれた行動様式と，与えられた環境のなかにだけ生きられるものでした。

　これらのことを総合して考えてみますと，人間には生まれながらに，その行動には決定されたものが何もなく，人は人を自ら創り上げることができたということではないのでしょうか。

　マリア・モンテッソーリは，赤ん坊は生れたとき受動的状態であり，生存に必要な要求をみたすことさえも「大人の働きかけ」に依存しなければならないことを述べました。

　赤ん坊は，成長の過程において段々に目覚め，自ら動くものとなり，自分の要求を満すために泣くことなどの自発を示すようになってきます。

　このように，こどもの自発性は，社会的な特徴を備えた人らしさのなかで自然な開花を遂げ，自らを造っていくものであることがわかります。

　マリア・モンテッソーリは，著書『モンテッソーリの道』（1975）のなかで，「受胎によってはじまった生命の発達は，受胎時の条件と妊娠期間中の条件，出産時の状態から影響を受けることがあるが，こどもは初めの2～3年で将来を左右するような影響を受ける」と語っています。またマリアは，人間には心の世界が必要であり，そのための自己実現が必要であるといえる。さらに，モンテッソーリは人間の発達の時期を0歳から24歳とし，これを四つに

区分して「発達の四段階」と名付けました[5]。

　第一期は「出生時から6歳まで」でした。そしてマリアは，もう少し細かに「0歳から3歳」，「3歳から6歳」に分類しています。

　この時期は創造期とも呼ばれました。人にとって人生の最も重要な時期であり，性格の根っこはこの時代に芽生えるというものでした。

　このことから考えますと，幼年前期と呼ばれる0歳から3歳までに人格の素地ともいえるものが確立するのではないのでしょうか。

　人間の土台ともいうべき部分は発達のごく初期につくられるそうです。

　モンテッソーリは，著書のなかから「この時期に間違った取扱いをうけても，次の時期（3歳から6歳）はまだ完成に向って特別活発な活動をしている時期であるので，矯正することが可能である[6]」と述べています。

　幼年前期はまた，人間的成長の出発の大切な時期です。無意識から意識へと移行する時期であり，赤ん坊は外界を認知するようになります。また，発達として大きく思いますことは，直立や歩行ができることです。

　そして，人とのかかわりを通して言語や情緒が発達するなど，小さな体の様々な部位に渡り発達的な変化が起こっていく時期でもあります。

　幼年後期と呼ばれる3歳から6歳になってきますと，こどもの内面が徐々に形成されていきます。体の運動機能は発達し，活動は自由に動き回れるようになります。言語機能も発達し，母親や教師とも好きに対話が出来るほど言葉が上達し，知的発達の面でも抽象化が可能になっていきます。

　モンテッソーリが「未来を築くには現在に注意を怠ってはいけない[7]」と述べていますが，幼年前期と幼年後期は次の時期の基礎を築いていることも確かなことです。

　マリア・モンテッソーリは，"La mente del bambino" X Ⅷ edizione 1975. Garzanti, 武田正美訳「創造する子供」エンデルレ書店　第18章のなかで，次のようなことを語っています。

「青虫と蝶は外観も動きもずい分違う二つの生き物ですが，蝶の美しさは，

幼虫の形で過ごした生活が基になって生じたものです。青虫が一生懸命に蝶の真似をして，ついに蝶になったわけではありません。或る期の必要がよく満たされる程，それに続く期の成功は大きいのです[8]」。

　マリア・モンテッソーリの語りから，私は0歳からの子が生まれた環境がいかに重要であることかを改めて感じることができました。こどもの可能性は目には見えないものですが，内面に静かに潜んでいる可能性が，環境との出会いを通して，人を創り出していきます。

集中現象と人格の形成

　こどもの自発的な内的発達が刺激されますと，幼いこども達でも自分の力で最後までやりとげようとする意欲が湧いてきます。

　この内面の欲求は，同じ活動を何度も繰り返させるものですが，決して疲れさせないほどの深い集中心をもたらすものです。この現象は「集中現象」と名付けられ，世に広まりました。マリア・モンテッソーリは，こどもを飽きさせない継続と共に，集中の現れは，こどもに満足と喜びを与える結果になり，好ましい人格が築かれていくことを提唱したのでした。

　さらに，精神分析学により大人の治癒を心に与える心理学的現象を，モンテッソーリは「正常化」と呼び，モンテッソーリ教育理論を提唱したのでした。

　多くの歳月と広大な経験を経た今日，困難を抱えたこどもたちの治療のためにモンテッソーリの「こどもの精神」の捉えは，こどもの「正常化」を支えるものとして世に役立ち，広く貢献していきました。

　モンテッソーリ教育の原理を探っていきますと，モンテッソーリが，「3才のこどものすべては正常ではないが，矯正は可能である[9]」と述べています。

　モンテッソーリ教育法は「正常化」に由来するものであることは確かであることが理解できます。

　モンテッソーリ教育では，障害児を健常児に変えるという仕組みでの正常化

でなく，0歳～3歳までの取り扱いがどこか間違っていたために，こどものなかに歪みができることを指しています。

　例えば「体を止めてじっとできない姿」「意識が集中せず，行動が荒い姿」など。これらの姿が見られますことは，こどもの責任ではなく「落ち着きがないことは人的環境から何らかの圧迫があるためではないか」とか，「母子の分離が難しいのではないか」などという風に言われてきました。

　さらに，こどもの自己実現のときを待つ大人の姿勢が，文化的要素の欠ける家庭で育った場合でも粗野な性格のこどもを造らないことになることをマリア・モンテッソーリは述べています。

　マリアが逸脱現象の現れに対しても深く研究を進めていったことが，『こどもの心―吸収する心―』（国土社）の著書からも感じ取れます。

　図7-1に示しました。

　図7-1から，大人は右側に，普通知っているようなこどもたちのさまざまの特徴を見ることが理解できます。

　こどもが集中し始めると，右側の特徴は自然に消えていき，左側に示された特性を持つ一つのタイプだけが残ります。これらすべての表面的な欠陥の喪失は大人によって引き起こされたのではありません。こども自身がその全人格を

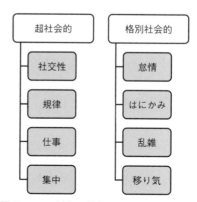

図7-1　こどもの性格の正常と異常の概要

Maria Montessori　鼓常良訳（1992）『こどもの心―吸収する心―』国土社．を改変．

もってこども自身によって変化を起こすものなのです。

　図7-1は，その正常性を得たことを意味しています。この現象は，すべての学校で異なる社会階級と人種と文明とに属するこどもたちで繰り返されているようです。

　ある機能はほとばしり出るエネルギーによって熱中する時期，これを「敏感期」と名付け，「敏感期におこる欲求は集中現象へと導き，ある能力の獲得に至らせます」と告げています。

　この燃え上がる炎はあるときは強く，あるときは弱くなるように見えますが，それらはこどもの新たな興味に向かうものであるように感じ取れます。

　こどもは生まれながら，一番身近な母親から愛情をもらいながら，自らが置かれた環境のなかで，無意識のうちに言葉を吸収して育ちます。

　少し難しいと思われる言葉もいつの間にか自分のものにしてしまうようですが，これらの言葉の敏感期を過ぎると，習得にはかなりの努力が必要となってくるでしょう。

　こうして発達の途上において，敏感期にあるこどもが求めているものを，環境のなかで見出すことが出来れば，集中して周囲の様々な事柄に進んで挑むようになってきます。こどもの経験や体験が積み重なることにより，調和のとれた落ち着きがこどもの内面に育つようにも思われます。

個人差と人格の形成

　それでは次に，こどもの発達の個人差に関して考えてみることにしましょう。

　こどもそのものの個人の差に合わせて発達の個人差という着目は人間の人格の形成に大きく関わる事柄のように思われます。

　発達の流れはこどもに共通であるとしても，個人差は大きいと考えられるのではないのでしょうか。まず，発達の早さの違いが脳裏に浮かびます。

　発達が早いこどももいれば，遅いこどももいますが，おおむね同じような発

達の道筋をたどるものです。その流れの主なものを様々な発達心理学が研究を
し，解明しようとしています。

　保育の現場でも，このことに準じながら，保育の経験に基づいて，年齢ご
と，あるいは時期ごとのおおむねの年齢からこどもの特徴を記述しています。
こどもの発達に関わりながら，教師は発達にはいろいろな側面があることに気
付き，記録していくでしょう。それらは，「認知」，「社会性」といった分け方
が基本になりますが，その子の揺れ動き，移り変わる感情がとても大切な要因
となっていきます。

　マリア・モンテッソーリは，細かにこども達を見つめています。

　生命の充実感と自己実現の喜びを経験したこどもは，品位のある落ち着きを
見せ，顔つきや態度が変わっていきます。本来，「こどもは未熟であり，落ち
着かない存在である」という大人の偏見は見事に打ち破られ，こども本来の真
実の美を見せ始めます。マリア・モンテッソーリはこのことを「正常化」とい
う言葉で世に語り継いでいるのでした。

　モッテッソーリ教育における個人差を伴うこどもの発達は，こどものもつ可
能性と合致しているように思われます。

　こども自身の成長の在り方に寄り添いながらこどもの人格を伸ばしていける
ように支援していくという概念から思想は発展的で伸びやかに考えられていま
す。

　伝統主義的教育においては，大人がこどもを作るのだと考えられましたが，
モンテッソーリは，こどもが生命の法則に従い自分で自分を創造することを論
しています。そして，このことを援助するのが大人の義務であり，社会の義務
なのであるということを，今私は再認識したいと考えています。

　モンテッソーリが自ら示したように，基本的には「目の前にいるこどもを観
察する」ことのなかからしか導き出せないものが「真実（本当）のこどもの
姿」であるように思われます。モンテッソーリ教育運動の過熱と衰退の歴史の
内にも，このことは見え隠れしながら現代の幼児教育に影響を与えています。

　著書『人間の形成について』前掲書，p.45 のなかで比喩的にモンテッソー
リ

が語った一説がありました。

「もし，犬に指差して，犬にあれをとってくるように示すと，犬は差した指だけを見て，その示されたものを見ないのです。犬は物を取ってくるために，示された方向へ従わねばならないことを理解するよりも，むしろ指をかむでしょう。偏見と障害は同じように働き，人々は私の人差し指を見て最後にかみついたのです」。

モンテッソーリ教育が，再び注目されている今，我々は女史の指先だけを見つめるのでなく，教育を注ぐ者として，常に温かな眼差しでこどもを見つめなくてはならないといえるのでしょうか。

さらに，私はマリア・モンテッソーリが，将来大人たちの仲間入りをするこども自身が，自ら選び，決定し，行動するなど問題解決の能力を身につけ，さらに，自分の選びに対しては，最後まで責任をとることができる主体性を持った人間に成長することを「自立」という方向を指し，求めているように考えるのです。

こどもにとって，善悪のことや，道徳心・規範意識として「なぜ，いまこのことを守らなければならないのだろうか」と思考し，「いま，なぜこのことをしてはいけないのだろうか」と想いを募らせることは，とても大切なことだと考えもします。

新教育要領・保育指針の改訂から現代社会が求めている人間像としての「人格の形成」は，ここから見えてくるものではないのでしょうか。

自分の責任を他に転じようとする人が多い時代のなか，モンテッソーリ教育法は個を確立させていくものです。

こども達一人ひとりの違いを受けいれることにより，予どもは個として自分を造っていきます。

個の確立により，こどもは自身の置かれた環境を通して，協調性を学びます。このことから環境に対する教育的配慮が，重大な役割を持つことがわかります。

また，こども自身の発見を大切に受け止め，生き方を育むことがこどもを取

り巻く周囲の大人にとっては重要課題となることでしょう。

▌生命のリズム

　生命のリズムについて探求していきますと，マリア・モンテッソーリは，「中心」を，「心臓」に例えていたようです。「中心」は，休みを知らない心臓のように生命のリズムを input し，output しているからです。

　モンテッソーリのよき友人であったスタンディング（E.M. Standing, 1887-1967）も，「中心」からこどもの「行動が生じると考えてよい」と述べています。

　しかし，このことについて，モンテッソーリは，個人の「中心」が今，なぜある行動を欲するか，根底にあるものは解明されていないと，告げてもいるのでした。

　私たちはこどもの「中心」を，再びモンテッソーリ自身が使っている用語を用いて表現するとすれば「周辺（peripherie）」を通して間接的に知ることが出来ます。

　さらに，こどもの個人的な秘密とは，こども自身の様々な部分に存在しているのではないのでしょうか。

　このことを明らかにしたいと，**図7-2** を示し，説明したいと思います。

　マリア・モンテッソーリは，「こどもはある種の力により導かれる」と，伝えています。

　「ある種の力」は，ホルメなどのエネルギーに還元することもできるのですが，多数のエネルギーを活動させ，可能性を実現化へ移行させるための指針を与える「中心（des Zentrum）を明示しています。

　「des Zentrum」は，こどもに固定なる部分で，そのままそっくりこどもの個人に属するものです。

　「中心」とは，こども個人の「秘密のようなもの」(etwas Geheimnisvoll)

図7-2　中心「des Zentrum」とこどものエネルギー運動
M.Montessori, Spannungsfeld: Kind-Gesellshaft-Welt.Hrsg. G. Schulz-Benesch. Freiburg/Basel/
Wien. Siehe.1/3. を改変.

で，外部から「なかなか認識できないもの」（schwer Erkennbares）です。

　マリア・モッテッソーリはこどもの人格の要となる「環境」について次のように記しています。

　「論理的にものを考えること，抽象化ができること，物事を統合する能力，即ち，知性と可能性をこどもは持って生れてきます。これらの能力は環境を通して発達していくのですから，整えられたよい環境のなかにこどもをおくことは大切です[10]」。

　このように環境を通して，幼い頃からこどもは自己形成という仕事をやりとげることをマリアは語っています。

　大人は自分の要求に従って環境を変えていくものです。住み心地が悪ければ家具の位置を変えたり，家の引越しをしたり，適正に欠くならば仕事も別な仕事を探すでしょう。

　しかしこどもは成長途上にあり，素直なこころから置かれた環境に適応しそ

の状態に自分を合わせながら，そのなかにあるものを吸収しながら成長していきます。

　加えて，モンテッソーリは著書『人間の形成』（1972）のなかで次のように記しています。

　「こどもには自分の生命を創る仕事があります。そしてこの仕事は内面的なことで目に見えない仕事であるということを心に留めましょう。なぜなら，こどもがおかれた環境は大人が作ったものであるからです[11]」。

　こどもの自発的働きかけに応答する環境構成がいかに大切であるかをマリアは語っています。

　考え抜かれて用意された環境全体の雰囲気には，伸びやかな自由感があるでしょう。ここで述べます自由は好きなことを勝手に何でもする放任の自由ではなく，責任を伴う自由さであることはいうまでもありません。

　構成された環境の目的は，成長の途上にあるこどもをできる限り大人から自立させることにあります。そのためにこどもの姿をよく捉え，考慮しつつ，こどもの興味を呼びおこすものでなければならないと考えます。

　こどもが生活する場では，大人の直接的手助けなしにこどもが生活できるように整備するということは，独立心を養う上で大切な条件となりますが，同時に，こどもが生活する環境内では，大人はより消極的であることが求められることを，マリア・モンテッソーリは，こどもが生活する環境内に許されているものは，こどもの心と身体全体の発達を助けるものに限り，障害になりそうなもの，その最たるものは干渉しすぎる大人でることを同じく，著書『人間の形成』のなかで声明しています。

　私は，6年前の教育講演でマリア・モンテッソーリが，宇宙の進化について話した話を思い出しました。マリアが，生態学の面から宇宙の進化について語り掛けた話のなかの一つです。

　それは，美しい花たちと小さな虫の愛の物語，また，風に乗って遠くへ旅をする一粒の種の語り，そして，秋から冬に移り変わりやがては土に帰る枯葉が

新しい生命に変化していく話など，宇宙に生きるものが，無意識のうちに助け合う関係にあることを教えていました。

このように，人間も与えられた知性と想像力を使い，物事を探求し，環境を変える仕事を続けてきています。過去から現在，そして未来へと，人は神から与えられた創造の仕事を継続し，成し遂げようとしているのでしょうか。

人間に生まれて人間であることを誇りに思いながら，人間らしい心を未来へと成し遂げようとする。そのこころそのものがこどもの人格に繋がっています。

宇宙の調和と進歩を求めて，人間は人間として，共に導き合う働きを行うことがどれほど大切なことであることかということを，いま，私自身のなかで自問自答しています。

モンテッソーリ教育によるこどもの「人格形成」は，この働きに寄与するものであるように思われてなりません。

さらに，こどもの内面にある建設的エネルギーが，上手く機能する大人の助けであってほしいと私は考えますが，総合的な視点から申し上げますと，よく考え抜かれ用意された環境を通して，こどもの「人格形成」がなされていくことをモンテッソーリ教育への共感性と共に理解しています。

Personality Development of Children (the Montessori Method)

In the early 20th century Maria Montessori (1870-1952), an Italian female doctor of medicine, proposed a new thought to respect the mind of children. That thought was taken to submit a different child-based, epoch-making thought from the past and had a worldwide influence.

Now "the establishment of the personality formation" from the young time is demanded in Japan, in the same way as the Montessori method respects deep observation depending on the each child's personality and development. A human personality is formed in the first as a result of mutual negotiations with the environment of which his or her mother is representative.

While an education theory to the personality formation has a variety of opinions, the study assigns a viewpoint to "the mind of the child" and "the development" and pursues a theme.

引用文献

1) 無藤隆編 （2003）『発達心理学』ミネルヴァ書房，p.45.
2) Maria Montessori, "XX La costruzione del carattere e una conquista""La mente del bambino" IX edizione (1975) Garzanti　武田正美訳『創造する子供』エンデルレ書店，p.26.
3) Elenora Honegger Caprottityj, "Costruzione naturale del carattere" II corso Montessori Internazionale a Bergamo Italia, (1977) p.124.
4) マリオ・M．モンテッソーリ　周郷博訳 （1978）『人間らしき進化のための教育―第3章モンテッソーリ教育と現代の心理学』ナツメ社，p.92.
5) Camillo Grazzini "1 quattro piani dello sviluppo"ll Corso Montessori Internazionale aBergamo Italia, 1996. p.86.
6) 前掲書2），p.156.
7) 同上書，pp.181-191.
8) 同上書，pp.196-198.
9) Maria Montessori　鼓常良訳 （1992）『こどもの心―吸収する心―』国土社，pp.216-217.
10) Maria Montessori, "Formazione dell; uomo" IX edizione (1972) Garzanti　坂本堯訳『人間の形成について』エンデルレ書店，pp.122-126.
11) 同上書，pp.161-176.

第8章

絵画における体験とイメージを通してモンテッソーリ・メソッドを巡る

表しの考察

　深まる秋，こども達は，ただ，自然のなかに友だちとたたずんでいるだけで想いを分かち合えます。

　日本のこどもは，四季折々自然に関連した季節感豊かな自然に身近に触れながら素晴らしい発見をしています。あらゆる発見はこども達の感受性を刺激し，心の発達を導いていきます。そして，絵画における体験やイメージを通した感受性はこどもの表現と繋がっていきます。

　日本の恵まれた季節感をこどもはどのように感じとっているのでしょうか。

　2019年度までに至る幾度かの幼稚園教育要領の改訂においても，幼児期の遊びやイメージの素地がその後の人格形成に重要な意味をもつものであることをマリア・モンテッソーリは強調しています。

　テーマとなるマリア・モンテッソーリ（Maria Montessori 1870-1952）の教育「モンテッソーリ・メソッド」が日本の国で見直され始め，カトリック系の幼稚園を始め，多くの保育園・幼稚園・アトリエなどで自主性を重んじる遊び・幼児の気づきを大切にした遊びの展開・また，異年齢の遊びなど取り入れられているようになりました。

　本章では，こどもの季節への関心を大切にし，縦の関係性から表れる感性と表現に着目しながら，見つめる保育者のまなざしを基盤に描画の中からこどもの気持ちや生活と共に成長するこども自身を探っていきたいと思います。

調査の対象及び内容

　調査対象は「こどものアトリエ」[注1]に通う「3 歳〜 11 歳までのこども 37 名中 32 名（3 歳児 10 名・4 歳 4 名・5 歳・5 名・6 歳 7 名・7 歳以上 6 名）」とし，調査者は「講師」としました。講師は 4 人で調査を行いました。

　こどもへの肯定的な受け止めは当時園長の私が調査しまとめることにしました。調査期間は 1 年 2 か月でした。

　季節への気づき感を持ち，絵画に表現した月ごとのこどもの表現は，**図8-1** の通りです。**図 8-1** では，こども達による季節への体験とそれに関するイメージを一覧表にまとめています。

　調査期間にこども達の描いた描画数は，総数 516 枚でした。その内，季節への気づき感のあるものは，312 枚でした。年齢別に分けると，**図 8-2** の通りです。

　一つ目には，テーマの調査より，こども達が季節への気づきを月毎のどのような題材に着目していたかを調査結果としました。

　二つ目には，季節への気付き以外の絵の中から，こどもの生活における豊かな自然との出会いを実践的に挙げてみることにしました。

　実践例をあげ，こどもが自然とどのように豊かにかかわり，生活の中から絵が描かれていくか，具体的に示すことを考えていきました。

注 1）　講談社フェーマススクールズ『こどものアトリエ・ばら園』2012.4 月開講・対象：3 歳〜 12 歳までのこども，絵画・デザイン教室：兵庫県豊岡市下陰 711『理事長・保田恵莉』

季節の気付きと好きな題材

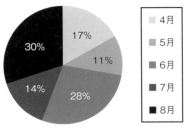

図 8-1　季節と題材

○季節への体験とイメージ
4月・チューリップ・春風・木蓮の花・広場で
　　遊んだ春の風景
5月・こいのぼり・若葉・つばめ・青虫遠足で
　　摘んだ花・小虫
<u>6月・雨・カタツムリ・紫陽花・カエル・傘・</u>
<u>　　雨の日に横断歩道を渡ったこと</u>
7月・七夕・夏の空・青い空・海・野菜
<u>8月・キャンプ・花火・夏休みに家族旅行海水</u>
<u>　　浴・山登り・カブトムシ・虫捕りかき</u>
<u>　　氷・アイスクリーム</u>

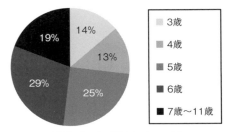

図 8-2　年齢別のイメージ

結果として，5歳と6歳のこどもが一番多くの絵を描き，イメージしていたことがわかる

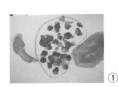

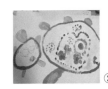

写真 1　（①②③）：6月の作品・紫陽花のイメージを表している

①3歳5ヶ月男子　②4歳2ヶ月女子　③11歳1ヶ月女子
同じ机で横並び①②の調査児と③の調査児は対面式

④

⑤

⑥

写真2　（④⑤⑥）：8月の作品・海の中や海の生き物を表している

---

④3歳1ヶ月男子　⑤5歳3ヶ月男子　⑥6歳7ヶ月女子
同じ机で横並び④⑥の調査児と⑤の調査児は対面式

○年齢毎の季節への体験とイメージの表し
3歳・4歳は，人数が多いにもかかわらず，幼く，自由画や線でイメージを描写したりし，楽しむことが多い。何を描くかのイメージを持つことにゆったりした環境と精神的な支えが必要である。年上のこどもと一緒に描くとイメージがわきやすく，安心して描くことができていた。（**写真1**①②、**写真2**④）
5歳・6歳は，体験したことを伸びやかに描けるこどもの姿が多く見られ，イメージとしても豊かな感性を絵に表すことができていた。同年齢の友達との関係ができ，楽しく遊べるようになる。年上のこどもの隣で絵を描くと，自然と模倣して描くこどもが生まれ，互いにイメージを共有して楽しむことができる。（**写真2**⑤⑥）

【**写真1**、**写真2**の具体性について】

・**写真1**では，11歳のこどもが対面，3歳・4歳は横並びの関係性で描きました。**写真2**では，3歳・6歳のこどもが横並びの関係性をとり，5歳のこどもが対面し，描いています。いずれも体験とイメージがわきやすく，幼児・児童との共感性と絵画での繋がりが感じとれました。

　写真3では，同じく8月の作品「夏のイメージ」から，7歳〜11歳のこどもが自分の好きな魚や蛍，舟を表しました。年下のこどもと関わりながら自分

の体験を自分の持ち味で描き，楽しむことが出来ました。

⑦　　　　　　　　⑧　　　　　　　　⑨

⑦8歳5ヶ月男子　⑧10歳8ヶ月女子　⑨11歳9ヶ月男子
⑦⑧⑨　いずれのこどもも一つずつのテーブルで長い時間をかけ，落ち着いて描けた

【写真3の具体性】
写真3では，自分の描きたいものをしっかりと描いている。⑦以前にも描いたモチーフを工夫している。⑧蛍のイメージを想像の世界と絡み合わせて描いている。⑨舟をイメージする内にも，色彩にこだわりをもち，描いている。いずれも年下のこども達が鑑賞することで，幼いこども達に感動を得た作品とも言える。

生活における豊かな自然との出会い

　自然の中でよく遊んでいるこども達は，様々な体験が描く絵に反映されてくるものです。こどもが自然とどのように豊かにかかわり，生活の中から絵が生まれていくのか，私の修士論文第2章1節・幼児画研究のなかから抜粋した3件の事例から幼児の体験とイメージに関して，具体的に示しました。

事例1『ブランコゆらゆら』

　S児が初めてブランコがこげるようになった日，白い紙に「ゆらゆら，ゆらゆら」の風を描きました。S児がブランコをこぐと風が耳元をくすぐり，気持よかったことやブランコが行ったり来たりして風が音をたてているように感じ

写真4　ブランコゆれたよ
こどもは風と遊び揺れるブランコを，友だちと捉えた

たことを絵で表現したのでした。

「ゆらゆら，ゆらゆら」の絵は，線で簡単に描いてあるだけのものなのです
が，周りのこどもたちと声を合わせて「ゆらゆら，ゆらゆら」と言葉を発し，
楽しそうに手を走らせました（**写真4**）。

　この絵からは他者がこどもの姿を具体的に読み取ることはできません。しか
し，こどもにかかわる教師にはこどもの生活する姿から，興味や関心の方向性
を読み取ることができるものです。

　特に留意しなくてはならないものは，表面的な技能や態度といったものでは
なく，内面的な心情，意欲，主体性，興味，関心の深さや広さなどであること
もわかってきました。

　こどもの「ゆらゆら，ゆらゆら」に共感すれば，教師もこどもの興味や達成
感を絵から知ることができるものです。

　その環境から生じるこどもの活動をイメージ捉えながら，こどもがどのよう
に環境にかかわり，どのような活動が生まれ発展していくのかに思いを駆せる
援助が教師には求められます。

　私は，自然界の中で大人がこどもに豊かな環境を支えていくことを考えたい
と思いました。何でもないような感覚が遊びを充実させ，詩のような言葉や呟
きを語れ，そして描けるこどもに育てていきたいと考えました。

実践2「蛇口から流れる水」

　こどもたちは，生活や遊びを通じて水道の蛇口から水を出します。こどもたちはそれぞれの気持ちと共に行動も変化していきますので，手洗いの前後に興味深く水を止めることや強く出し過ぎてしまうこともあります。

　こどもと水道の蛇口から流れる水は，生活に身近でこどもには親しみの持てる題材と言えるでしょう。

　右へ回すと水は止まり，左に回すと水が出ることも，こどもたちはよく知っています。「水」をめぐる営みからこどもはいろいろな体験をしています。あるこどもは，水を入れ物に入れ，断水の時にお風呂に水をためておいたことなど，楽しそうに話してくれたこともありました。

　「家の水道は，押さえると出るよ」と言ったこどももいました。

　「水」という大きなテーマよりも，生活の中に根付いた体験によりいろいろな気付きのできる「水道の蛇口から出る水」ということに着目して，こどもたちは絵を描きました（**写真5・写真6**）。

　写真5は，「ちょろちょろ」と出る水を描き，**写真6**は，「ジャー」と出る水を描いています。どちらも　同じこどもの表現であり，「水は生きている」とそれぞれに感じていました。

　絵を描いた後に，こどもたちは水道のある場にも関心を持ち，「手洗い場・お風呂・炊事場・花の水やりの時使う所」と水道を使い，水が出ていく様子に瞳を輝かせ，話は毎日のように続いていきました。

 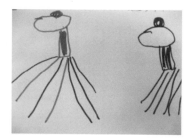

写真5　水に命を感じた　　　　　**写真6**　線で勢いを表す

　こどもは自分の創造と現実をうまく密着させ，見たこと，感じたことを素直に表現しています。

実践3「ミニトマトを植えて」

　オレンジ色に輝く朝日，葉っぱに光る朝露，蜘蛛の巣，雨のあとの虹，入道雲，雷，水の反射，雪の結晶，など自然界の事象や事物は一日一刻として同じではありません。こどもは植物の栽培という活動を通して「命を育てる」貴重な経験をしました。

　ある朝，幼稚園に登園するとミニトマトの青い実が少し大きく育っていたり，休みを終えて園に来てみるとミニトマトの実が赤くなっていたり，ある日にはまたひとつ増えていたというような経験は，幼児にとってかけがえのないものと言えるのでしょう。

　自然の中でこどもなりの驚きや発見を持つことは，人が人として育つ上で忘れてはならない素晴らしい出来事であると捉えました（**写真7・写真8・写真9** 参照）（個人鉢に育つ気付きと喜びの表れ）。

　こどもにとって自然環境は，生活の体験を通した遊びと学びの場です。

　こども園は交通量が激しく道路に面した家庭が多い場所に立地していることもあります。庭や畑が家庭に少なく植物を家庭で育てているようなことをあまり聞かない時代にもなりました。

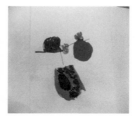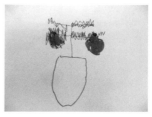

写真7 6月11日　　　　**写真8** 7月3日　　　　**写真9** 7月17日

3枚とも同じ園児の表現である

　そのようなこどもの実態から，自然に豊かな環境を幼稚園に用意することはこどもの成長にプラスになるように考えています。

　植物というものは，静的なものであり，ザリガニやウサギのように抱いたり追いかけたりするようなことがありません。

　自然と関わった遊びや生活を通した指導には，こども理解が大前提であると考えますが，こども理解にはいくつかの側面があると思われます。

　まず，私たちはこどもの内面を理解することが必要なのでしょう。

　大人は，こどもについて，外に現れた行動や何かができた結果ばかりに目を向けがちですが，それは過ちです。こどもにとっては，そこに行き着くまでの過程に内面的な変化や葛藤が起こっていることが多いと，私は感じています。

　休み明けに登園した際，枯れていたミニトマトを見て驚き，急いで水をやると，水やりをした後でみるみる潤いを取り戻し，ミニトマトの枝がシャンとし，以前よりも立派に見えるミニトマトの鉢を観たとき，心はホッとするものです。

　こういった体験からミニトマトの生長に目配りのできるこどもが育ち，記録のようにして絵に描こうという意欲につながっていくのです。

　こどもの発達や学びということから考えますと，結果よりも過程に意味があり，保育者も過程を大事にする必要性があると感じています。

実践4「台風の目」

　秋になると毎年のようにやってくる台風が今年も訪れました。直撃は真逃れることが多いのですが，数日，夜は勢いよく雨が降り，風が吹き荒れます。

　ある日のこと，こども園に来ると朝の会を終え，好きな遊びの時間，一つのテーブルを囲んで「台風の目」を描いているA児とS児に出会いました（**写真10・写真11**）。

　身近な経験より不思議さと恐ろしさを表しています。

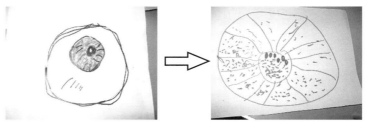

写真 10　止まる台風　　　　　　　　**写真 11　動き出す台**

こどもなりの「テーマ」を持ち描いていたことに感心させられます。
2学期になりこどもの成長の中で「創造することの楽しさ」が芽生え，季節
の変化をこのように表現できるように変わってきました。

　「止まる台風」の絵は，くるくると周り止まった時の風の目がリアルに描か
れていました。

　これはこどもの創造ですが，こどもは目をしっかりと描くことで台風がどこ
にいこうかと待機している時の様子を描いたように思われました。赤と黒の線
が風の強さを強調しているかのように見えます。

　「動き出す台風」の絵は線と点で流れていく風の様子が表現され，おもしろ
いと感じました。同時に，赤と青の点と小さなまるが雨が段々に強くなってい
くという雰囲気をかもし出してもいます。

　こどもは世界に一つだけの「自分で考えた台風」を画用紙の中に表しまし
た。

　この日は，描いているこどもの側で見ていた数人のこどもたちの反応も大き
く，「すごいなぁ」という共感の声も聞かれました。

　生活の主体者としていつも幼児が自分の生活の中心にいるように，教師は物
的・空間的環境を構成する役割と，幼児と適切なかかわりをもつ役割を持って
いるものです[1]。

　適切なかかわりとは，支えたり，援助したり，ともに寄り添ったり，年下の
こどものモデルとなったり，見守ったり，協力者であったり，理解者であった
り，共同作業者であったりしながらありのままの乳幼児を受け止めることで
す。そして，一人ひとりの幼児の発達に必要な指導をしていくものです。

　日頃のこどもたちの言動をよく見つめ，それらとこどもが描いた絵を重ね合わせてみるならば，教師がこどもたち一人ひとりに持っていなければならない配慮が少しずつだが見えてくるような気がしています。

モンテッソーリ・メソッドと表現

　新型コロナウイルス感染症の拡大が日本の国にも影響するなか，2020 年度の夏は密にならないよう，人とのかかわりが希薄化せざるを得ないアトリエのこどもたちの様子です。

　しかし，マリア・モンテッソーリが人々に提唱するように，幼いこどもにとって身近な環境はかけがえのないものであり，こどもの可能性を引き出していくことには変わり在りません。

　取り組みでは，2019 年度 7 月に以前のこどものアトリエでの協同画（**写真12 ～写真 14**）の振り返りをし，研修の機会に体験とイメージをもとにモンテッソーリ・メソッドを巡る表しの考察をしました（海をテーマにした協同画）。

　モンテッソーリ・メソッドを巡る季節への気づき感を通し，こども達がその印象や感じたことを絵画に表し，イメージを共有しながらこども同士の関係性が深まっていった一例です。

カトリック教会でのシスターの語りから，マリア・モンテッソーリが，こどもを導く教師の役割を次のように述べていることを知った。「私たちが思想の世界に入ろうとしている旅人（こども達）の案内人であること。旅人（こども達）の興味を示す芸術作品を簡明に解説できる教養あるガイドであるようわきまえるべきである。また，謹んで旅人が望むだけ観察させるように誘いかけよう。最も美しいものを喜びと満足を見出す方法で導くことは案内人の特権であり，協同に楽しむ心をマリアは望んでいる」。2017.6 月

写真 12　フィンガーペインティングによる 1 歳違いのこどもの遊び「海作り」・「ヌルヌルが気持ちいい」と感触を楽しんでいる様子です。

混合年齢の良さについて，マリア・モンテッソーリは次のように述べている。「私たちの学校は，年齢の異なるこどもたちが互いに助け合うことを見て，説明を求めます。大きい子は喜んで説明します。これが本当の授業です。こどもの精神性は2歳下のこどものそれに大変に近いので，小さい子は，私たちが説明してやれないことを大きい子の説明で理解してしまうのです。こどもたちの間には，大人と小さいこどもとの間にはないような，調和と伝わりやすさがあるのです[2]」。

写真13　姉6歳と，2歳年下の4歳児の弟が仲良く海の生き物を描く姿。「お姉ちゃん，タコは足が3本　だったー？」など，問いかけながら描いています。

それぞれのグループがそれぞれの環境を持っていることをマリア・モンテッソーリは「知的な散歩ができる可能性があります[3]」と語っている。3歳のこどもが少し離れたところで落ち着いて絵を描いている。このような形式を自由に与え，こども自らに選択をさせることから，様々な年齢によってテーマの取り方やイメージの存在が違ってくることを教師が感じ取れることが大切ではないだろうか。この場では，8歳のこどもの描いている描写を，幼いなりに理解できる3歳のこどもが育っている。

写真14　3歳児と小学生8歳が並んで描いている。横並びで少し離れているところが居心地よいと感じています。

考察：こどもと関わり，肯定的な受け止めをする講師は，次の4点が育っていった点を確認し合いました。

「①こどもから学ぼうとする姿　②こどもといて楽しいと感じる　③作品に寄せる感動体験　④気持ちを伝えあうこと」

それから，こどもの育ちが季節感と同時に育まれた実感としては，次のようなことが挙げられました。

「①こどもの個性・多様性　②ひと月ごとの成長・こどもの可能性　③季節を通して，こどもが学んでいること，楽しんでいることの理解　④年齢差の把握や具体的な育ちの様子の理解」

　海をテーマにした協同画の取り組みから，保育者（講師）はこども同士の温かな関係性と気がかりな関係性の両面に気付くことが出来，その子その子の心の葛藤もありのまま受け入れることができていったようでした。

　モッテッソーリ教育における人格形成の特徴は，何といってもこどものために用意された環境のなかで自由に行なわれるこどもの活動によってなされることのように思われます。

　マリアの言うように，こどもの活動は「自分を創造する仕事」だと考えてみますと，こどもにとって手の働きは，充実した生活を招くものであり，一人の人間として存在し，生活していることを示すことにも繋がっていきます。自分をつくる仕事とは，自分の力で生きることです。

　こどもは，手指を使いながら自分の力で生きる力を獲得しようとする意欲を養っていきます。さらに，自由と選択が与えられたとき，自分で選んだものに対しては責任をとろうとし秩序を愛するようになるでしょう。そのとき，こどもは深く長い集中を体感することが出来ます。

　モッテッソーリは，一人ひとりのこどもが持っている人格を，調和を持ち発達させ，本物の成熟した人間と成長するための手立てと集中現象に捉えていました。未完成から完成へと向っていくこどもの発達を助長ために，教具や教材を考察し，これを環境のなかに置いたのです。

　それらは生活する場で，常にこどもが心地よく扱えるように，感覚教具の世界を具体的に提示されました。外見の美しさは勿論のこと，材質の良さを通して，こどもの感覚と美的センスを養うものでした。

　全ての教具はこどもサイズで整っていました。また，大人の手を借りずに作業できるようにもなっているのでした。一セットしか置かれていないので，自分が欲しいものを他の人が使っていれば，待たなければなりません。同時に，人のものを奪うことは許されず，使ったものは，次の人が使いやすいように元通りにしておかなくてはならないというルールが作られていました。

　これらのことは，こどもにとって自己コントロールの好機となるものであり，目には見えないものですが，知らず知らずの過程でこどもの「人格形成」

を確立するものと思われます。

　こどもの内面にはしっかりとした秩序が築かれ，人間としての自立の道をもう一歩前進することができるようになることをマリア・モンテッソーリは心から願いました。

　競走心を刺激してこどもにやる気をおこさせる方式を長い間続けてきた日本の国が，未来のこどもに人格形成と共に協働の世界を，いま，目指しているのではないのでしょうか。

　本章の営みからは，季節の移り変わりはこどもの心を刺激し，心の傾斜に豊かな心情が重なり合っていくと，そこに思いがけないこどもの「イメージした表現」が見られました。

　また，季節のなかからは，風のように眼には見えなくても心を震わせ，時にこどもは風に色をつけて画用紙に表したりもする姿も見られました。

　今回の調査からは，講師が受け止めたこども関係の育ちは，教える側の講師の質にも大きく影響があることがわかりました。保育者は「こどもと一緒に過ごす時間のなかに，自分自身が生きる生活がある[4]」と語る津守の言葉のように，こどもと生活し，季節感に気付き，描いたものに感動する保育者（講師）は，こどもと同時に育てられています。

　社会生活の魅力は自分が出会う人間に色々のタイプがあることを受け入れるに存在します。年令によってわかり合うことはとても難しいでしょうし，差別するほど残酷で非人間的なことはありません。

　しかし，人々は，社会生活の絆を絶ち，社会生活を育むことを進んでしてほしいと願います。異なる年令のこどもたちが一緒になりますと，年長者は年少者の保護者となり，年下のこどもたちは上のこどもたちの賞賛者となり，お互いの価値を相互に感じとるような関係にまで至ることがあります。

　愛と慈しみの共同体は自然に生まれていきます。そして，年長児は年下のこどもたちに自分たちの足跡を残し，卒園していくのです。

　このように，年長児が残した文化の伝承が，生活体験を通してごく自然な形で，人から人へと受け継がれていくことは，素晴らしいです。しかし，こども

たちが育つなかからは，試行錯誤の日々が続くこともあり，教師はこころの治療（保育）を求めています。

　こどものアトリエでは，3歳から11歳のこども達が5ヶ月間の調査でこどもが体験したことをベースに500枚以上の絵を描く経験をしました。初めは「描くこと」に抵抗があり，なかなか描けなかった3歳児は，7月の協同画の取り組みの中では思う存分にイメージし，手を動かし，海を描くことができていきました。そこには，保護者の方の温かな励ましや見守りがあったことは言うまでもありません。

　また，今回の調査を通して私は，こども同士が「少し離れて描く」という空間にも安心感が得られ，楽しそうに描けることから，向かい合って描くよりも，まずは気持ちが合う「横並びの関係性」が重要であることにも気付きました。

　指導者は，今後一人ひとりに合った支援（メソッド）が必要であることを忘れてはならないことを感じています。

Through the experience and image on pictures:
Over the method of Montessori –the observations of expressions–

In deep autumn, standing by a tall ginkgo nut, children share their feeling with friends. They can do it just by standing in nature. In Japan, children have a great find especially in nature because it is full of the sense of seasons. Not only outdoor experience but also everything related to the four seasons stimulate their sensitivities and help them to develop their minds. Children's experiences of their pictures and sensitivities through the image are connected with their expressions. The study confirms what is discovered on the seasons over the method of Montessori, and considers that children express their impressions and feelings on the pictures, deepen the relationships, and bring up their dream whose image is shared, from a viewpoint of "expressions".

引用文献

1) マリア・モンテッソーリ　中村勇訳（2010）『こどもの精神―吸収する精神―』財団法人才能開発教育研究財団 日本モンテッソーリ教育綜合研究所，p254.
2) 同上，P256.
3) 同上，P267.
4) 津守真（1989）『保育の一日とその周辺』フレーベル館，p213.

第9章 乳幼児教育における専門性を求めて

▌乳幼児期の可能性

　なぜ，乳幼児期における保育・教育は大切なのでしょうか。この素朴な疑問に科学は答えを出し始めました[1]。人間の思考力や創造性を司る脳の前頭葉は，2歳～3歳前後で急速に発達します。これらの発見は，生物科学・医学的分野で解明されました[2]。

　0歳から後，子どもは10歳までの間に穏やかに成長していくのですが，筋肉でも使わなければ衰えるように，脳も刺激しなければ衰退してしまいます。

　だからこそ，乳幼児期に様々な感覚を充分に働かせる環境と，喜怒哀楽の感情をコントロールする力を育成することが重要になってくるのでしょう。

　幼稚園教育（3歳～就学前6歳にかかる幼児対象）では，幼児の主体的・自主的な活動である「遊び」を通して行われるものと継がれています。受験などを念頭におき，知識のみを先取りするような，いわゆる早期教育とは本質的に異なるものであるのですが，国公立幼稚園では目先の結果のみを期待するのではなく，幼児が人や物とかかわる中から"生きる力の基礎"を育成し，平成17年以降の全国国公立幼稚園の試行には特に「後伸びする力」を育むことに重点を置き，教育は勧められてきました。このことは，イタリアの女性医学博士マリア・モンテッソーリ[3]も提唱しています。さらにマリアは，同時に幼稚園教育以前の教育がどれほど大切なものであるかを世に知らせました。

　Maria Montessori（1870-1952）は，幼稚園教育に留まらず，保育所の教

育・保育に対しても同一の想いから論理を発しています。

　一番には，子どもに内在する生命衝動が内部から子どもを動かし，潜在的にさまざまな事のできる能力を発芽させる可能性を，乳幼児期にはどの子も持っていると説いています。加えてモンテッソーリは，高度な文化の中で育つような場合にこの可能性が拡大するとされ，目覚ましいからだの発育と連動して発達した手足等の機能を活動させる事と，それに伴う生活体験をいろいろに積み重ねる事を通して精神性をも発達させることを目的としました。

　各々の属している文化圏で生きるため必要な多様な能力や適応力を発達させて行くという，他動物には見られない子どもの生命の力に着目し，一人ずつに必要な時と，援助を探って行く教育法を展開しました[4]。

　「後伸びする力」とは，今は根のように地中に潜んでいて姿・形は見えないのですが，栄養となる愛情や信頼を基盤に後に花となり開く子どもの姿や見えにくい学力を指しています。ここに教育の意義があります。そして，それらのことをモンテッソーリ教育も「子どもの可能性」と訳し，重要視しています。

　本来，乳幼児はこの世に誕生し，目覚め，様々な事象に自ら好奇心を抱きながら少しずつ育ち，また，養育されてきます。

　こどもは，自分を取り巻く環境に働き掛けながら「自分を知る」ということをしていきます。

　また，自分から進んで遊びながら知識や技術を獲得し，自らの世界を拡げていくたくましさを持ち育っていきます。その過程では，「自分が好き」ということから始まり，「他者を好き」と感じていくことでしょう。

　この「自己を愛する」ということが出来ることがどれほど大切なことかということにマリア・モンテッソーリは早期から気付いていました。

　そして私は，幼少の時代，人間の「自分が好き」という価値を思うとき，「自己を愛することができなければ他者も愛することはできません」と，京丹後市のカトリック教会での祈りのとき，シスターが語られた言霊を思い出すのです。

　他者からは，ただ"遊んでいる"だけのように見えることもあるこどもの遊びも，乳幼児にとって"夢中になって遊ぶ"ということが何よりも大事な営みであり，遊びが仕事であり学びであるということは間違いありません。

　保育士は，幼いこどもたちが園という育ちの場で主体的に遊べるよう，環境を構成し，遊びが後のこどもの学びの基盤となるような指導を行っていることを，私は大学の講義でも学生たちに伝えています。

乳幼児期の総合的経験

　乳幼児期には，多様な体験の中から，子ども自身が様々なことを学んでいくことが求められます。家庭における遊びが，消費的・個人的な活動にならざるをえないとするならば，それを補うために，社会における保育施設では，創造的・集団的な活動が提供されるべきであることも保育者はわかってきました。

　乳幼児期に総合的な経験が保障されることは，子どもの権利であり，専門性を得た保育者のしっかりとした指導計画も必要となるのでしょう。

　家庭での経験と幼稚園での経験が，車の両輪のごとく機能することにより，幼児生活の総合性・多様性が実現していくことは間違いありません。

　近年，幼児教育において重視されている経験は，ソーシャルワークの課題に応えるものでもあると理解できます。子ども同士が相互作用を展開していくことで，感情が交換され，遊びを一緒に進めていく喜びや共通の目的に向かって力を合わせる楽しさが経験されていきます。

　人間としての基礎基本を培う園での経験は，集団的な問題解決学習の原体験となり，小学校進学後の学習活動の基盤を形成していくものです。同時に，こどもの遊びを通じて形成された自己意識・社会性・言語コミュニケーション力が基礎力となり，集団的に探求されていきます。そしてその成果が共有財産として分かち合われるのです。

　幼稚園と保育所は，共にその時期にふさわしい豊かで充実した生活のなか

で，温かな関係性を基盤に，一人ひとりの自立を支え，発達を保障する質の高い保育を行うことが求められてきました。

　保育者には深い専門性が求められ，同時に，社会的な役割も大きく期待されるようになりました。教育課程の変革が期待され，教育現場では，知の総合化と基礎基本を抽にカリキュラムが練り上げられてきています。

　美術教育に限り例をあげれば，15年も前になりますが，小学校の図画工作では，「造形遊び」が全学年に取り上げられたことを思い出します。

　具体的には，"ごっこ的遊び""砂や泥んこ遊び""ゲーム遊び"などは遊びの行動を指すものではないと論され，教師たちは，絵画・造形遊びの主旨は子どもたちが持てる力を総動員して対象に働きかけることであることを学びました。手など身体全体の感覚を働かせての総合的な絵画・造形行為は，新たな力を生み出すものです。幼児の体験は，遊びの活性化と感性や理性を関連づける「知の総合化」を培うものであることを知りました。

　それから「絵画・造形遊び」の展開は，単に図画工作が担う教育的役割の枠に留まらず，今，まさに，現代教育の課題である「知の総合化」の働きによって生まれる"新たな知を生成する"という価値ある行為（教育内容）として表現活動に期待されるようになったことを感じています。

　保育園，幼稚園や小学校，絵画教室などでの「知の総合化」としての絵画・造形遊びは，子ども達の"描画""ものづくり"が大いに発展・展開する場と言われるようになり，同時に子ども達の表現行為は，「知の総合化」の発揮により，子ども達一人ひとりの人格形成を育てることが明らかになってきました。

　こういった子どもが育つべき子どもの権利を日々の教育課程に位置づけるためには，細部に行き届いた年間の指導計画が求められると推察します。

　保育者の専門性の力をつける必要感に迫られ，努力するというものの，年齢別に係る具体的なカリキュラムの作成がないことには何も始まりません。

　具体的な指導計画を作成し，その考え方を明らかに，幼児の成長を照らし合わせていかなければ，その日の保育のねらいは明確にならず，また，ねらいが達成されることも曖昧な結果に陥るように考えられます。

乳幼児期の感動するこころ

　もの言わぬ赤ん坊の頃から自然の世界に浸らせ,「太陽が眩しいね」「木が寂しそうね」と,語り掛ける母親の様子を見ていますと,抱っこされながら赤ん坊が頷いているように思われます。

　母親代わりの保育者は園において同じように自然界を乳幼児と共に楽しみ,様々な事象に気付かせながら幼いこどものこころを感動に導いくことが出来ているでしょうか。

　感動する機会が多く豊かさを持つことで育つ保育士資質の内側に潜む美の意識は,こどもと共に居るということからも大きく根付いていくのではないのでしょうか。

　絵の説明:再考して描いた作品でしたが,故郷の街が幸せになるようにという想いが込められた作品です。絶滅するかもしれないと言われた自然のなかで生きるコウノトリの雛が,これから誕生する幼子と共に元気に誕生してほしいと願って描きました。一緒に詩も書き,お母さん方と共に子育て支援室で朗読を行いました。

　図 9-1　子育て支援室での絵画鑑賞:0歳〜3歳児母親対象（2018年6月）
　　　　　『コウノトリと天使・故郷の街』筆者による兵庫県美術展覧会招待作品より

POEM：願い

わたしの故郷にはコウノトリという鳥が住んでいるの。

天使がコウノトリの背中に乗って街中に光の星をプレゼントしてくれるといいな。

コウノトリは，可愛いヒナの赤ちゃんをたくさん産んでくれるといいな。

小さな飛行場も，病院もあるわたしの故郷には　コウノトリが住んでいるの。

しあわせをいっぱい届けてくれるコウノトリさん。

コウノトリは，くじけそうな人を明るい心にしてくれるといいな。

光の星を街中にプレゼントしてくれるといいな。

田んぼも畑も山の木も，自然がいっぱい！

コウノトリもわたしの故郷が好きだといいな。

　地球は徐々に温暖化に向かい，生き物たちの暮らしも心配な現代です。生き物を可愛がるということは，ペット化を重んずることではありません。真の優しさを持ち，生き物と関わることが重要と言えるのでしょうか。

　また，暮らしの中の省エネを考えることも非常に重要です。使っていない部屋の明かりや見ていないテレビのつけっぱなしには注意が必要です。不必要に部屋を暖め過ぎる，紙を粗末に扱うなど，こどもも一緒に日常生活を見直してみることが望まれます。レジ袋は，作るのにもエネルギーが使われているようです。ゴミとして燃やすときにも二酸化炭素が発生するように聞きます。

　大人が乳幼児の手本となるような姿を見せることが今後の世の中では益々求められるような気がすることがこの日の子育て支援室での課題としてあがり，議論されました。

　絵の説明：お花のなかから生まれた女の子は，親指くらいの小さなお姫様でした。愛らしく，可愛らしいので「おやゆびひめ」と呼ばれていました。

　親指姫は，デンマークの童話作家である，ハンス・クリスチャン・アンデルセンの代表作の一つです。また，1835年に発表されたアンデルセンの童話集

童話「親指姫」の絵
図 9-2　子育て支援室での絵画鑑賞：0 歳〜 2 歳児母親対象（2019.8 月鑑賞）
『おやゆびひめ』筆者作：0 歳から童話を伝える会（2019.8 月鑑賞時）

第二集に『いたずらっ子』，『旅の道連れ』と共に収録されているようです。
『みにくいアヒルの子』などと同じく，アンデルセンの故郷，オーデンセの田
園風景を背景に童話として書かれ，子育て支援室では母親たちがあまり知らな
いお話の一つでした。

　絵は，花の国で幸せに暮らす親指姫を描いています。この日の子育て支援室
では，簡単な童話のあらすじを次のようにお母さん方に紹介しました。

　「親指姫は，チューリップの花から生まれた親指ほどの大きさしかない小さ
いお姫様。ある日，ヒキガエルに誘拐されてしまうのですが，魚たちに助けら
れ，何とか脱出するものの，コガネムシにも誘拐されてしまいます。置き去り
にされた親指姫は帰る家がありません。秋になり，段々に寒さが増して来まし
た。親指姫はノネズミのお婆さんの家に暮らすことにしました。

　しかし，そこでは隣の家の金持ちのモグラに「結婚してください」と，求婚
されてしまいます。親指姫はモグラと結婚したくありませんでしたが，断れ

ず，悲しくて毎日泣いていました。しかし，モグラの家にいた瀕死のツバメを
介抱したことにより，結婚式の日にツバメが恩返しに親指姫を連れ出して逃げ
てくれました。親指姫はツバメに連れられ花の国へ行くことが出来，美しい花
の国で王子様と結婚することが出来ました」。

　この日は，1歳児の母親2名と2歳児の母親2名の4名の参加でした。保育
者が童話を読み聞かせされ，その後，母親たちも童話の読み聞かせを一緒に勉
強しました。

　幼いこどもを膝の上に乗せて，温かい空間で「0歳からの童話を伝える会」
の読み聞かせの場面と時間が静かに流れていきました。

　子育て支援室での研修会：10月11日（日）に，0歳のこどもを持つ母親3
名と教師2名で研修会を開きました。このとき，生まれたばかりの諒真くん
『10/8. 9時25分. 3062g. 50㎝』の誕生を喜び合い，当日の赤ちゃんの動画
を共に鑑賞しました。手を少しずつ動かし，顔の方へ向けている様子や，眼は
お母さんの方へ向けていました。産まれたばかりですが，「生きている」とい
う実感を赤ちゃん自身が持っている姿が伝わってきました。「凄いね」「何か言
いたそう！」と，共感し合いながら何度も動画を観ました。泣き声も動画に収

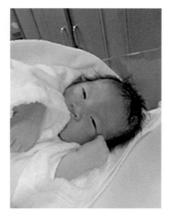

2020.10.8 生まれたばかりの男の子
図 9-3　「生まれたばかりの赤ちゃん」（2019.10 月鑑賞）

録されていました。まだ弱々しい泣き声でしたが，聞いている内には涙を見せられる母親もあり，とても感動しました。

深い観察の出来る保育者

　本章では，前章に書きましたイタリアの女性医学博士 Maria Montessori（1870-1952）の「こどもの発見」を例に取り上げました。

　マリア・モンテッソーリは，障害児への愛情を持ちながら，こどもの幸せを願い続けた研究者です。

　『ある日，モンテッソーリは監獄の中で暮らすこどもたちの様子を観察していた。食事のパンを出されると，パン屑をこぼしながら食べる。テーブルの上がパン屑でいっぱいになり，お手伝いの人に叱られたりもする。食事が終わり，お皿がさげられると，こどもたちはテーブルの上が拭かれる前に，一斉にパン屑をテーブルの下に落とした。

　「そっちへ行きなさい」と言われ，こどもたちは椅子から降り，部屋の隅へ行きしゃがみこんでいたが，お手伝いの人がいなくなったすきに走って行き，テーブルの下にもぐりこんでは，こぼしたパン屑を一生懸命集めて手の中ににぎったり，ポケットの中に入れたりする。「汚いから早く離れなさい」と言われ，また部屋の隅に追いやられたこどもたちが一体何をしているのだろう，とモンテッソーリは観察した。すると，こどもたちはポケットから拾い集めたパン屑を出して，唾をかけて，こねて高くしたり，平らにしたり，転がしてみたりしていた。つまりパン屑を粘土のようにして遊んでいたのである。モンテッソーリはこどもの「手を使いたい」という生命衝動がこれほどまでに強いということを目の当たりにした。そのとき，モンテッソーリは「私はこの子たちに何をしてあげたら良いのかわかりました」とことばを発した[5]』。

　マリア・モンテッソーリは，幼いこどもたちの卓越した力，学ぶ力を観察から発見し，大人はどのようにしてその力を守り育てていくべきかを考えた女性

博士でした。当時人々はモンテッソーリ以前の教育，乳幼児の潜在能力に気づいていない状態であったため，モンテッソーリが，幼いこどもたちを教育したいと言ったとき，周囲は皆「ことばが通じてこそ，こどもを教育できるものだ。乳幼児と大人はコミュニケーションができにくい状態にあり，それでは教育できるはずがない」と言いながら笑ったようでした。

それに対して，モンテッソーリは，こどもを観察することが如何に大切であるかということを告げています。

例えば，赤ちゃんはお腹がすいているとき，泣いたり，体を動かしたり，口を開けたり閉めたりします。しかし，それはなにかを伝えようとしているのではありません。自分がそういう状態であることをあらわしているだけなのです。

赤ちゃんを見ている大人は，その子の様子を理解し，対応するものです。自分の欲求を明確には表現できない赤ちゃんは，外側から見てあげる必要があるでしょう。

大人が，ごく自然に，優しく，愛情をもって観察すると，不思議なことに赤ちゃんのことが見えてきます。

乳幼児の育成と提言

筆者の関わる子育て支援室では，幼いこどもを持つ家庭支援を行い，6年間が経過しました。子育ての悩みを持つ両親だけでなく，幼い頃から教育の視点を持ち，「こどもを善くしたい」というマリア・モンテッソーリと同じ願いを持つ父母や祖父母が自然体で参加されています。

そのようななかですが，今までの子育て支援の経過から，わかってきたことをここでは「提言」としてまとめてみました。

【提言1：基盤は乳幼児保育の充実から】

家庭と地域社会と幼稚園が連携・協力し，全体として豊かになっていくこと

が大切です。そのためには，乳幼児教育の基本を大切にし，幼いこども一人ひとりが確かな成長ができるようにしていく各園での教育を進めていくことが重要課題となります。

具体的な事項は，次の通りです。

・安心できる居場所づくり：幼児にとって居心地のよい環境を工夫する。

・多様な体験ができる環境の工夫：幼児の豊かな体験は，園の豊かな環境の基に実現できるものと捉える。

・親の出番の工夫：保護者の様々な出番を工夫し，親同士の関係が幼児の人との関わりを拡げたり深めたりするきっかけになるように意識づけていく。

・多様な人と出会える環境の工夫：幼稚園は，幼児と保護者，保護者同士だけではなく，様々な人が出会い，交流する場であることに視点をあて，環境を工夫する。

・計画的に進める教育：幼稚園の教育は，教育目標の実現を目指し編成された教育過程に従って進められる意図的・計画的な保育・教育であること。

【提言2：子育てに地域のかかわりをもたせること】

「地域の子どもを地域で育てる」という機運を高めていくために，地域の人と人との出会いの場となるこどもづくりに努めていくことが必要です。

そのために，重要な事項を次に挙げました。

・地域に出向き，地域を知り，地域の教育力を生かす：地域の力を出し合い，人の心が響き合い，子育て支援の輪が広がっていくように努力することが望まれる。

・次世代育成支援を視野に入れ，教育を進める：育てられる時に育てる経験を互いに学ぶ機会を得る子育て経験は近年の大きな課題である。

・地域関係機関と連携した取り組みを実践する：各園でできることか，他の機関に委ねなければならないことかを見極め，幼い一人ひとりのこどもに対して，適切な援助ができるようにすること。

・地域の主な関係機関：子ども家庭支援センター，児童館，図書館，児童相談所，民生児童委員，社会福祉協議会，保健所，小学校，盲聾，養護学校，子供会，自治会，子育てサークルなどの活用と連携を密にすること。

【提言3：父親も子育ての主体者になろう】

　日本の社会では子育ては母親の大きな負担となっています。これまでの「助言者」としての父親の子育て参加を一歩進めて「主体者」として共に子育てを進めていくことが求められているのではないのでしょうか。

　具体的な事項は，次の通りです。

・子育ての楽しさを知ろう：父親ならではの遊びやかかわりは子どもにとっても貴重な体験となる「対象は，1歳～2歳・3歳・4歳・5歳」。体を思いきり使った遊び「相撲・ボール・キャッチボール・木登り」など。技術を伝え，子どもと共に楽しむ遊び「紙飛行機・めんこ・こま回し・凧あげ」など。
・子育てにもっと父親の参加を呼び掛ける：父親が主体者として子育てを進めていくためには，勤務している企業等，社会の理解と支援が必要である。
・地域で子どもを育てる広がりへ：幼稚園での出会いをきっかけに，父親同士の繋がりを地域に広げ，地域の子育て環境づくりへと発展させること。
・一緒に子育てを楽しもう：子どもの成長を母親と父親と一緒に喜び合うことを目標とする。
・参観日にも出番をつくろう：お父さんパワーが発揮できる機会を作ろう。「木工遊び・ダイナミックな砂遊び」など。

【提言4：子育て支援のキーステーションになること】

　園は，人と人との出会いの場である。そこでは，一人ひとりの保護者の悩みや不安に応じて，必要な情報，大切な情報，正確な情報を伝えることが可能となります。

　具体的な事項は，次の通りです。

・一人ひとりの状況をきめ細やかに：毎日の子どもの様子を伝えよう。一人ひとりの保護者の保護者の悩みを受けとめよう。
・保護者の悩みや不安を察知しよう：園便り，地域向けの掲示板，ホームページなどの活用。
・期待が持てる情報発信の工夫：園行事の参加や子育てトークへの参加の知らせなど，行なってみたいと思えるような工夫をすること。

- 地域行事の様子や参加方法：地域の図書館，児童館の活用。
- 保護者同士で情報発信をすること：情報は，幼稚園からの一方通行ではなく，保護者同士も必要な情報を発信するなど，いろいろと工夫することができることを知らせること。
- 人と人との関係から必要な情報を得ること：保護者同士が気軽に話せる場を持つことが大切。気軽な子育てトークのなかからも問題解決に繋がるヒントが得られる。
- 視野を広げて情報発信をすること：子育て相談・健康相談・食育情報
- リサイクル情報・講演会情報・図書館情報・児童館情報・地域のイベント情報など。

【提言5：子育て支援力をアップしていこう】

　地域・園には，社会の多様なニーズに応えることが求められています。また，教師にも子育て支援を積極的におこなう力量が求められています。

　そのために，重要な事項を次に挙げました。

- まずは，保護者の思いを受けとめることが大切：ゆっくりと話を聞こう。責めるのではなく，親の思いや願いを知ろう。
- 園全体で支援力アップを図る：子どもや保護者について様々な視点から捉えていくことが重要である。保護者との対応を園内で研修する。子育てカウンセラーの指導，助言を受ける。
- 教師としての力量を問われる子育て支援力：子育て支援の力量は，単に保護者との関係にあるのではなく，各園での保育・教育と深く結びついている。自らの課題を捉えた研修，研修結果の活用，新たな計画への取り組みの見直しと実践。
- 子育て支援の評価：子育て支援活動の成果を捉えるためには，園で実施されている現状の子育て支援についての評価が大切。評価の視点を明らかにすること。保護者の評価を受ける。全体としての改善策を明確にすること。

　以上，上記各々の事項は園を子育て支援の根拠にしたものです。辻（2001）は，大人が生き難い世の中は，子どもはもっと生き難いものである。子どもの傍らにいる大人が今を丁寧に生きる姿勢が子どもの大事な子育ての視点になる[6]と，自身の著書のなかから語っています。このように，未来を生きる子どもの育成」を考慮した子育て支援の創造についての提案が今まで以上に重要視

されていることがご理解いただけましたでしょうか。

　乳幼児教育は常に次世代育成支援を応援するものであり，0歳からの教育の大切さは地域社会にも伝わりつつあります。

　今後，乳幼児教育における専門性がさらに求められる時代になるような気がしています。

Seeking expertise in infant education

In Infancy, children are expected to learn various things by themselves through many experiences. If play at a home cannot but be a consumable and individual activity, play at society, in other words, a child-care facility should offer a creative and group activity. It is a right of children to obtain the comprehensive experiences, and the firm educational program is needed which is drawn up by child-care person, who has much of specialty. The comprehension and variety is realized by experiences both at house and at kindergarten. These two are great help to each other.

Recently the expression is emphasized on the field of Infancy education, which can be supposed to meet the subject of social work. Children exchange their feelings, experience a kind of joy to play together, and enjoy working together to the common purpose.

The experiences at kindergarten, the place where children foster the foundation as human, are the original experiences to solve the group problems. It also forms the basis of learning activities after entering elementary school. Through children's play, the self-identification, sociability, and the sense of language communication are formed into the basis to be investigated collectively. The result is shared as common property.

引用文献・注

1) 澤口敏之（1999）『幼児教育と脳』文藝春秋，p.53-55.
2) 同上，p.112-113.
3) 初期の頃のマリア・モンテッソーリの専門は，発達の遅れた貧しい地域の障害児の発達研究であった。1906 年（明治 39 年）に「モンテッソーリ学校」を開設して以来，1952年（昭和 27 年）の死去に至るまで 46 年間，博士の使命は知能の発達の遅れた子ども達を健全な普通児と同じく学習できるようにすることであった。そのために，子ども達を深く観察しつづけ，多くの文献に示し，世に引き継いでいる。
4) クラウス・メール（1999）『モンテッソーリ教育の道』学苑社，pp.110-111.
5) マリア・モンテッソーリ　中村勇訳（2003）『子どもの発見』財団法人才能開発教育研究財団日本モンテッソーリ教育綜合研究所，pp.124-126.
6) 辻信一（2001）『スロー・イズ・ビューティフル』平凡社，p.73.

第 10 章

モンテッソーリ・メソッド（the method of Montessori）におけるこどもの環境

こどもの環境

　こどもの幸せを求める子育て支援が，地域社会において，様々な課題をもち地域に存在する園で実践されています。

　日本の国では，エンゼルプラン等子育て支援諸施策が取り組まれて25年以上が経過しましたが，出生率の低下に歯止めもかからない上，児童虐待の増加，こどもたちへの安全性への不安の拡大やさらに公園や高層住宅にひそむ危険の広がり，社会情勢と親の経済状況から起こる子育て環境格差は広がりを見せ，むしろ子育てしにくい状況が深刻化しつつあります。

　今あらためて，子育て支援とは何かということが問われているようです。

　地域社会のなかにこどもがおり，そのこどもを地域の保育所・幼稚園で育てるという状況は当たり前のようにありますが，戦後日本で地域社会が即されるようになった状況を踏まえ，こどもにとって地域社会における子育てが今後，どのような課題をもち重要視される必要があるのかという点に問題意識を持ち，こどもの環境について探っていきたいと思いました。

　いま，私は色々な物や情報が溢れ，何もかも簡単に手に入るこどもの環境下，子育てまでもが手間を掛けず出来るようになり，子育ての価値観が変わってきたのを感じています。

　世の中は様々な要因から言葉の豊かさに欠けるこどもが増えていることも気がかりです。従来の遊びの質の低下，貧困化を案じつつ，大人たちはこども同

士の交わりの場を求めるのですが，日常の就労に追われ，ゆっくりとこどもとかかわる時間もなく，家庭は何か大切なものを一つひとつ失っていくのではないかという不安にも陥ります。

　そんな現状の中，マリア・モンテッソーリ（Maria Montessori 1870-1952）の縦割り教育が日本の国で見直され始め，大学から学生が体験する実習園でも絵画・ものづくりに異年齢の遊びが取り入れられるようになってきました。

　こどもの育ちを支える環境へ着目しながら，身近な教育機関である兵庫県豊岡市文化協会所属「こどものアトリエばら園」から，こどもを支え，見つめる保育者のまなざしを基盤にテーマを追及してみたいと考えました。

▍こどもの心象

　こども達に豊かな経験をさせ，そこで生まれた感動《心象・イメージ》を画面の上に表すことを主にし，従来の描画は指導されてきました。

　確かにそのようを保育の中からも素晴らしい表現が生まれることは事実であるように捉えています。

　しかし，よく見る題材ではあるのですが「カニのハサミって大きいな」といった感動を得たからといってスラスラと絵が描けるわけではありません。

　大きなハサミが描けて満足しているこどももいれば，小さくしか描けなくて意気消沈しているこどももいることが実際です。感動したことが必ずしもいつも思いの表現に繋がるとは限りません。

　温かな保育者のまなざしの膝元で絵を描く時，自分が感じた自己の思いが描画の中では視覚化できることが重要であるように思われます。

　それらの大きさが実際に画面の中に表現できると量感や形を感じ，こどもは嬉しくなってくるものです。これが描くことで得る喜びに繋がっていきます。

　同じ「カニ」を題材に，箱やプラスチックトレイを使っての「ものづくり」ではどうでしょうか。「大きいの」「小さいの」「あっち向き」「こっち向き」と，ストローを足して長い足に見立て，ビニールテープでぐるぐる巻きにして

デザインを考えているこどもの姿も見られます。生き生きとした表情が伺え，造形することへの感動がそこには見られるのですが，ここでの作業は，生活経験やイメージの裏づけがなくても遊びと同化して構成していくこと自体がこどもの遊びの目的となっています。

　こういった心ときめく時間さえも，時代の変化と共に失われつつあり，こどもの育ちの中ではどこの園でも「表現」のできないこどもが年ごとに増加しているように私には感じられます。

　原始的な時代を考察してみますと，モノや空間の体験を得たときの感動では，かつて（1890年代以前）こども達の生活経験は虫捕りや，石ころや古釘を集める遊びに満ちていた時代が存在しました。

　こどもは石を積み上げてのダムづくりやレンゲの花をつないだ首飾りに明け暮れました。兄や姉，妹，弟と，年齢の差のあるこども達が群れて遊び，それぞれの学習をしていた時代背景がそこには存在していたのです。

　露地や野原の遊びの中ではごく自然に材質経験や操作経験がこどもの心を満たしていました。

　しかし，いつの間にか，こどもたちの生活経験や遊びの様相がすっかり変化してしまい，遊びの中で自然に身についたモノや空間の体験の機会は皆無に近い状態になってしまいました。

　「こどもの自発性を重んじる」モンテッソーリ・メソッド[1]は，イタリアの幼児教育でも有名な女性初の医学博士マリア・モンテッソーリが考案し教育界に大きな影響を与えた教育法の一つです。

　マリアは，どのこどもにもある知的好奇心が遊びの中に自発的に表れるよう，こども達に自由な環境を提供しました。そして，表現教育を通し，マリアは，こどもの自主性・独立心・知的好奇心を育み，広い視野からは社会に貢献する人物になることを目的としました。

　本章では，モンテッソーリ・メソッドに着目しながら，創造性に欠けるこどもなど，特別な支援プログラムは作成されていないものの，何とはなしに気になり，絵が描けない・ものづくりが苦手という『表現できない主な傾向児』に

ついての対応について探っていきました。どのような課程を得て保育者がそういった『表現できない傾向児』を受け入れ，育てることができていったか，また，モンテッソーリ・メゾットへの保育者の意識と，実践により変容していったこどもへの視点と課題を追求したいと思いました。

　それらの課題を踏まえ，今後保育内容の在り方について，こどもを育てる課程で表現の楽しさが分かる見通しが持てるよう，検討していきたいと考えています。

アトリエ「ばら園」におけるモンテッソーリ教育

　アトリエを始めるにあたって，教具棚は市販の組立式の物を利用し，机は中央に大きなものを一台，周囲にこどもサイズのものを置きました。椅子は机に合わせ，こどもが座りやすいサイズのものを，また，保護者から譲って頂いた物を使用しました。

　教具類も今までモンテッソーリコースで学んだ時に求めた物，作った物，ご好意で提供して頂いた教具等で徐々に環境を整えていきました。

　洗面所等は，こどものサイズに作っていなかったので，踏み台を置き，タオル掛けを低くして工夫してみました。

　モンテッソーリ教育の環境としては，とても充分とはいえなかったのですが，出来る限り家庭のような自然な形で，まずこどもたちを受け入れ，その姿を観察しながら，保護者の子育て相談にも応じ，徐々に環境を整えていくことに試案しました。

　受け入れるこどもたちについては最初，机に向かって座れるようになった3歳を迎える頃のこどもから対象にしています。周りではモンテッソーリ教育について知らないお母様がほとんどでありましたが，絵を描くことが好きなこどもが多く，安心しました。

　しかし，続けて行く上では問題点も出て来たように感じました。

　受け入れ人数に限りがある事，知らない家庭同士の交わりもあり，プライ

ベートを保つことの難しさなどでしょうか。

　庭の隅には，色々の種類のハーブが植わっています。薔薇の花を多く植えたことから薔薇のツルがからみながら薔薇のフェンスが出来上がっていきました。

　休日に来たこどもたちは，水やりをし，指で触って匂いを嗅いで確かめて見たりしながら，庭でのお仕事も楽しむことができます。

　母親が見守りながらこどもとの関わり方を学べるようにしています。

　なお，母子分離については，それぞれの母子関係に合わせて自然に出来るように配慮しています。日常生活の練習では，こどもたちは部屋の中を綺麗にするお仕事が大好きで，机を拭き終えるまで繰り返すのでした。

　ここでも，モンテッソーリ・メソッドが自然発生的に行われ，年齢の違いのあるこども達が縦割りでお仕事を楽しむこどもの姿が見られます。

　描画については，それぞれのこどもが納得いくまで目標を持ち描く姿が育っていきました。

表現の調査

◇対象保育者

　対象保育者は，兵庫県内に勤務する保育者で，『表現できない主な傾向児』を担任している認定こども園保育士（公立1名・私立1名），保育所保育士2名（公立1名・私立1名），計4名でした。対象保育者の概要を**表10-1**に示しています。**表10-2**では，対象保育者の困り感の要因を示しました。

　また，モンテッソーリ・メゾットを体験した保育者の変容過程は，**表10-3**で示しています。

◇期間

　約5ヶ月間，ヒアリングを行いました。

◇手順

各回，約 30 分程度のヒアリングの時間を設けました。

内容は，『表現できない主な傾向児』に関する保育者の困り感と変容，モンテッソーリ・メソッドを巡る実践及び，支える保育者の指導の観点についてでした。

表 10-1　対象保育者の概要

A 対象保育者　B 表現できない傾向児　C 対象園　D 面接期間　E 面接回数

	事例 1	事例 2	事例 3	事例 4
A	女性	女性	女性	女性
年齢	20 代	30 代	20 代	40 代
B	男児	女児	女児	男児
年齢	①4 歳 2 ヶ月	5 歳 1 ヶ月	3 歳 6 ヶ月	3 歳 8 ヶ月
2 人目	②4 歳 3 ヶ月	5 歳 6 ヶ月	なし	3 歳 4 ヶ月
C	認定こども園	認定こども園	私立保育所	公立保育所
クラス	4 歳	5 歳	3 歳	3 歳
規模	18 名	20 名	9 名	11 名
職員数	2 名	2 名	2 名	2 名
D	4 園共に，2018 年 2 月 ～ 2018 年 6 月			
E	6 回	6 回	5 回	6 回

表 10-2　対象保育者の困り感の要因

C　認定こども園Ⅰ☆　認定こども園Ⅱ★　私立保育所△　公立保育所▲
と表し，示しています。　　　　　　　　　　　　　①② (こどもの様子)

☆①・「うん」と，頷きはあるが，友達とやりとりができない。
　　・製作でのりとハサミが使えない。
　②・すぐにどこかに行く。・絵の具やクレパスで服に描く。
　　・友達を追い回し，落ち着かない。
★①・親がこどもに無関心，こどもも周囲に無関心の傾向にある。
　　・言葉の発達が遅く，描画の線が取りにくい。
　②・イメージがとれないため，常に乱雑に描く。
　　・「わかんない」等，同じ言葉を繰り返す。
△①・物作りのパターンを変えようとしない。
　　・偏食で白飯しか食べない。
▲①・発達未熟であり，言語の遅れがある。理解力と表現力が求められる。・保育場面の切り替えができない。

表10-3　保育者の変容過程

1．こどもとの関係性について努力した事項
☆①・縦割り保育を通した周囲のこどもとかかわりを積極的に持たせること。
　　・具体的なものの扱いや，出来上がっていく過程を大切に見つめること。
　②・こどものそばになるべくいて，「いつも見ているよ」というサインを送ること。見守りについてもその都度知らせていくようにすること。
　　・絵画や造形だけでなく，絵本の読み聞かせからも心を安定させること。
★①・視線を合わせて関わるようにすること。
　　・縦割り全体のこどもの遊びの中でも好きな遊びがわかること。
　　・保育者の傍に来た時は抱きしめるように気配りをすること。
　②・こだわることは，最後まで根気強く気の済むまでやらせること。
　　・年下のこどもへの優しさを見つけて誉めること。
△①・一日のスケジュールを変えないようにし，気持ちを安定させること。
　　・3歳，4歳，5歳からの信頼感を知らせると同時に信頼感が持てるような優しい温かな眼差しを届けること。

▲①・保育室の動線に配慮すること。
　　・「これとこれをするのですよ」と，こどもにポイントを伝えること。
　　・こどもの気持ちをしっかりと受け止めること。
　②・こどもの居心地のよい居場所でものづくりを行うこと。
　　・言葉を丁寧に拾って応対するように努めること。
　　・粘土は出来映えにこだわらないようにし，取り組む姿を褒めること。
　　・指の跡を大切にさせ，跡が一杯になった際，周囲に頑張りを伝えること。

2．親との関係性について努力した事項
☆①②・互いの生活を見直し，焦らないように気をつける。
　　　・こどもの性格について，一緒に考え合える時間を持つ。
★①②・親がこどもについて，保育者に尋ねることが多くなっていったこと。
　　　・就学前の見通しを持ち，遊びで育てたいことを伝えていったこと。
△①　・親とのじっくりした話し合いを持ち，個性に気付くこと。
　　　・こどもの可能性について，母親の願いを率直に受け止めること。
▲①　・母親からのメッセージを連絡ノートなどで知るなど，母親の気持ちに触れることができる場面を増やすこと。
　　　・母親がどのように成長の期待を持っているか，理解に努めること。
▲②　・「困っている」という意識が親も保育者も薄らぐようになること。
　　　・「3つ子の魂100まで」の言葉のように，異年齢との関わりから学べ，こどもたちの共通理解ができること。

3．園長・他の職員との関係性よりわかった事項
☆①・園長が『表現できない主な傾向児』を担任することの大変さを理解してくれていること。
☆②・無理にこどもを保育室に連れ戻さなくても，園長や他の職員に援助してもらえること。
★①・幼稚園における支援教育の在り方について，言葉掛けが大切なこと。
★②・イメージが湧くために，様々な体験が必要であること。

　　　　・心の耕しが必要なことを園長の言葉や研修会などから気付くこと。
△①　　・こどもの理解と対応について，ソーシャルストーリーを描くことがよいことの知見について。
▲①②・園内研修（6回実施）の重要性。

4.　保育者がこどもの絵画・製作からわかった事項
　　モンテッソーリ・メソッドを通して，絵や造形作品がその子自身の「表し」として示されている。
　　出来上がった作品から保育者は「こども自身」を感じることができた。
時折保護者と共に鑑賞するなどし，遊びの中で作品が出来あがっていく場面を通じて，こども同士が繋がり学び合えた。

約5ヶ月間，各園でモンテッソーリ・メソッドの実践を行った調査はグラフ①の通りです。

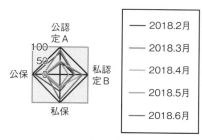

グラフ①

・公立認定こども園Aでは，生活発表会・修了前の2月・3月にメソッドを行っている回数が多く，私立認定こども園Bでは，4月・6月のメソッドでの幼児交流が多いことがわかりました。入園時から安定期に異年齢の交流に趣を置いていることが考えられます。
・私立保育所では，6月のメソッドを行っている回数が多いこともわかりました。園外での自然観察などの異年齢交流が活発に展開されていることも発見されました。
・公立保育所では，2月のメソッドを行っている回数が多いようです。冬の遊びや行事の他に発表会などで異年齢との関わりも豊かです。
　　次に，約5ヶ月間，各園でモンテッソーリ・メソッドの実践を行った結果，効果が見られた状況は，グラフ②の通りです。

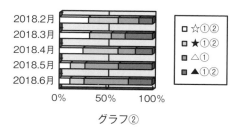

グラフ②

・グラフ①での調査同様，私立保育所3歳児のクラスでは，2月，3月のメソッドにより，『表現できない主な傾向児』が変容を見せ，成長しています。
・公立保育所の4歳児クラスでは6月のメソッドの体験より，『表現できない主な傾向児』も保育者がこどもとの関係性について努力した事項が活かされ，変容を見せていることが明らかとなりました。
・私立認定こども園の5歳児クラスでは，4月に『表現できない主な傾向児』は大きな伸びが見られます。これは，5歳児がリーダーとなり取り組めていたことが予測されます。
・最後に公立幼稚園の4歳児クラスでは，2月，3月に変化が見られました。4歳児は年長になるための心の準備をしており，メソッドのなかでも5歳児を手本にして作品展などに挑戦していることが理解できました。
・作ったものや描いたものは，色や形になり，こどもの個性や趣にマッチしたものという風に受け止められもします。保育者の温かな眼差しのもとでこども達が5か月間を通して変容し，成長を遂げていったことがグラフより理解できました。

描画③事例に伴う検証結果（モンテッソーリ・メソッドを巡る作品より）

・☆公立認定こども園における3歳・4歳・5歳児の絵画の繋がりと，4歳の絵では，4歳3ヶ月・『表現できない主な傾向児』の作品を例にあげました。
・集中時間が短く，すぐに動き出してしまう☆②のようなこどもには，課題のレベルをその子に合わせたものを考慮していくように仕向けた。☆②のこどもが日頃興味を持っている「生き物」をテーマにし，同じ「生き物」のイメージを持つこども□と◇をメソッドの対象にし，同じ机で絵を描きました。

描画③

□5歳6ヶ月（男児）「つばめ」

◇ 3 歳 11 ヶ月（男児）「カエル」

■ 4 歳 3 ヶ月（女児）「お母さ
ん」・□と◇は横並びに座り描いた
が，■は，対面式で描いた。

こどもの心と表現

　『表現できない主な傾向児』について，これまで述べてきたが，こどもの心（脳）に刻み込まれる絵画・造形の遊び（学習）について再度考えて見ることにしましょう。

　「表現」を求める遊びや授業は作品を作るための時間であるのでしょうか。

　何をこどもに教える教科であるのでしょうか。

　課題を持ちながらもう一度考えることが必要に思われました。

　園の遊びの中で，一人ひとりのこどもは，たくさんある楽しさの中から幾つもの「楽しいこと」を感じています。「表現できない」と助けを求めるこどもに対して，教師が「表現しよう！」と手を差し伸べることによりどのようにこどもの表現ができていくのでしょうか。

○楽しさをどれだけ持てたでしょう
・表現活動をする楽しさ　・作ったり描いたりできるようになっていく楽しさ
・友だちと見つけ出していく楽しさ　・友だちと分かっていく楽しさ
・見つけ出したこと，分かったことを使っていく楽しさ
・友だちや保育者と共感し合う楽しさ
・異年齢児に遊びのことや学んだことを生かし，伝えていく楽しさ

　私は，楽しい心は，うまくいったことや，友だちや保育者から誉められることから生まれてくることが多いように感じています。このような＋（プラス）思考は心（脳）の中に刻み込まれ，次への活動の原動力になっていくことが感じられます。

　絵画・造形に対してこどもの心の傾斜，つまり心情が操作に重なり合っていくと，そこに表現が発生します。

　心情と操作がぴったりと合った時，表現は更に深まっていくのです。

　言い換えれば，発想がひらめき，その子のこだわりやその子なりの工夫が生まれてきた時に，表現活動は他のこどもの遊びや表現への興味と結びつき，モンテッソーリ・メソッドへの発展を見せるのではないのでしょうか。

　こどもたちに遊びの内容が提示され活動に入るとき，「これはやれそうだな」「楽しそう！やってみたい」と思う根拠は，今までの体験や経験・知識がもととなり活動へ繋がっていくように思われます。

　反対に「どうしたらいいのかわからない」と，他の子のようにスタートを切れないこどもがいるのは，関心・意欲とは別に，一人ひとりの生活体験・経験がそれぞれ異なっているからと推察されます。

　新しい造形表現活動の遊びの過程は，こどもの心に刻みこまれていきます。自らの目標に向かって学び，人と共に生きる力を育んでいく時間はとても大切な時間です。生きて生活し，「心を表すこと」が，こどもには自己表現そのものであるのではないのでしょうか。

　次に，美術教育の「表現の持つ意義」について考えてみることにしました。

　マリア・モンテッソーリ教育では，こども自身が遊びで学んだことを日常生活で発揮するため，こども自身の主体的な行動により知を確かな力として体得することをねらい，メソッドの方策を用いています。

　幼稚園・保育園では近年，「作って遊ぼう」，「描いて遊ぼう」より，少し発展的な「作ったもので遊ぼう」であり，「協同で描こう」という形式を用いているところが多いようです。

　こどもの根っこの力を育み，こどもとこどもを自然な遊びの触れ合いからも

関わりを持たせようとし，育もうとしているのです。

　近年，「新しい保育」「ホンモノ保育」と要望される保育の中からは，遊びの行動分析が行いやすいこども同士の繋がりを通して，知の総合化と基礎基本を軸にした「表現活動」が求められてきています。

　保育者たちの多くが，こども自身の活動（行動）を大切にするあまり，『表現できない主な傾向児』を担任した際，どこで「援助・支援」したらよいのか，さらに「援助・支援」という視点が先走り，「指導性」という保育者の本来持つべき意味合いに立ち入り過ぎていないかという気遣いの曖昧さに接することは保育の経験では多々ある場面です。

　この経験から，こどもたちが「遊び」から学ぶ体系を，保育者たちはお互い議論しながら，保育者として，目の前の助けを求めるこどもとどう関わっていくか，年令に応じた関わり方を現場から発信し，保育者間でこどもの状態ごとに検討し，園全体の保育に生かすことが望まれるような気がしています。

　知育優先の社会ではこどもは感性を失っていくばかりだと言われています。「知性」と「感性」のバランスを真剣に考える必要があるとし，特に幼児期では母親の影響が大きく，母親の過度なきれい好きから，こどもの「はみ出し」行為を抑えつけていることがこどもの成長に強く影響しています。

　このような幼児の造形表現活動が抱える問題は，こども同士以外にも大きな影響があることは間違いありません。

地域のなかで育つこども

　人間と自然の豊かな共存関係を崩壊させ，人間と人間の連帯的な生き方や愛の形を狂わせる要因にもなる現代社会の科学技術の論理優先を見据え，幼い頃から人と充分に関わらせ，思いやりの心を育みたいと願うのですが，「表現できない」というこどもに今日見られる『非行』『いじめ』の増大と低年令化もまた，そうした病める社会や時代の反映として捉えることが実際的であると捉えています。

　振り返って見ますと，今まで，家庭教育施策におけるこどもの育ちの議論は，親子関係の中での親の役割を整えることに重点が置かれていたような気がします。

　しかし，保育指針・幼稚園教育要領の移り変わりと共に，徐々に「地域社会におけるこども」という論点が参入するなか，こどもの育ちは，家族だけでは担えず，多くの人々に支えられてこころの治療を導入することが望ましいと，一人ひとりの家族の幸せを願って国の教育機関が動き出しているように思われます。

　今，経済上裕福な家庭もあれば貧困家庭も増えているという子育て環境の格差に私は一抹の不安を覚えます。子育ての問題は今後様々なケースのなかで人々がこどもを中心に結集することで，地域経済までも含めた地域を再生していくように思われるのですが，その地縁を取り戻す可能性を是非共選び取りたいと考えているところです。

　保育者の温かなまなざしの中で，友だちと関わり，異年齢で関わりを持って育ち，繋がっていくこども達の関係性からは表現の楽しさが養われていくことが確かでした。また，子育て代替え支援ではなく，「親育て」に視点をおいたモンテッソーリ・メソッドのカリキュラムが有効であることが考えられます。

　こどもと共に親育ちに焦点をおいた支援事業を推進し，困り感を取り払うのではなく，両親家族のありのままの悩みをヒアリング（調査）意識の中に取り込んでいくことは，研究者でなくともこどもを取り巻く環境のなかで行えます。

　いま私は，支援に繋がる表現の在り方とメソッドを深めていくための研究を今後も続けながら，こどもの成長と発達に寄りそう保育者の眼差しを追及し続けていくことを考えています。

Children's environment in the Montessori method

Recently child care support for the happiness of the child is practiced at the kindergartens with various problems in local communities. In Japan, as for the Angel Plan, child care support measures have been carried out for more than 22 years, but the birth rate cannot be stopped to decline, and the situation is getting rather harder for child care- for example, the increase of the child abuse, the expansion of the uneasiness to the safety to children, the danger hidden in a park and the high-rise house, and the differences of child care environment[1] happened from social conditions and the economic conditions of the parent. What is a child care support? Now it is called into question again.

It seems like a matter of course that a child is in a community and the child is growing up in a local nursery school or kindergarten. But this study takes up a point what kind of child care in local communities is regarded as important and what kind of problems it will have, based on the situation that local communities are gradually changed after the war in Japan.

引用文献・注

1) マリア・モンテッソーリ（Maria Montessori1870-1952）は，どのこどもにも潜む知的好奇心が自発的に現れるよう，こども達に自由な環境を提供した。また，異年齢混合の縦割り遊びの中でこどもはこども同士互いに学び合っている。しかし，その形態は集団の中で同じことをするのではなく，一人ひとり自己の敏感期の活動に出会えるよう，自由に個別活動を行うものとした。自分で自分の活動を選択し，自己リズムで納得の行くまで繰り返し活動することや，互いに教え合い，学び合うことを重視した。
2) 板良敷敏（2002）『美育文化，vol52，No5』美育文化協会，p18.
3) 長谷川総一郎（1999）『美育文化，vol49，No2』美育文化協会，p41.

あとがき

　第1部は「0歳からの教育の尊さ」について。第2部には「こころの治療（保育）」を書き綴りました。

　本書の出版の経緯は，令和2年度姫路獨協大学図書特別助成を申込，採択していただいたことにあります。『大学は学問を通じての人間形成の場である』という建学の理念の基にお世話になります素晴らしい大学での思い出となります。本当に有難うございました。

　幼い頃の私は少し変わったこどもで，家の庭にはかまぼこ板のたくさんのお墓を造り，「蟻さんのお墓」「蝉さんのお墓」と，死んでしまった小さな生き物たちのお墓を守り，毎日お線香をあげて泣きながら「天国に召されますように」と，お祈りしていたと，母から聞いたことがありました。

　泣き虫の私は幼児期に母や父からお腹や背中に手を当ててもらい，「手当」を受けた記憶がいまも脳裏に残っています。思い返せば，両親に恵まれ，幸せなこどもでした。

　その「手当」は，0歳からの愛情・愛着であり，同時にこころの治療でもあったような気がしています。

　私が成長し，母になってから，最愛の息子が天国に召されましたが，我が国では，幾つかの思わぬ災害や事故があり，悲しみは自分だけではないことが私を強くしました。

　私は生き続けるなか，少しずつではありますが，人々の苦悩を考えるようになりました。

　2011年3月に起きた「東日本大震災」から早9年余りが経過し，人々は平和を祈り，黙祷を続けてきました。私が訪れた認定こども園などでも，失われた尊い命の話を聞いた後，幼いこどもたちが両手を合わせて黙祷をする場面に遭遇することがあります。祈りが終わり，閉じた目を開けた時，こどもは何ともよい顔を見せてくれます。静粛な時間がこどもに何かを感じとらせ，人と協調することや，人と悲しみ・辛さを乗り越えていく精神を生んでいるもので

ないかと思いもしています。

　マリア・モンテッソーリは「教育はこどもから始まること」を説き続けています。

　こども存在の意義を問い続ける姿勢が一貫しており，我が国の教育が直面している子育て支援を取り巻く社会福祉の問題解決に迫るために，モンテッソーリの教育思想から学び取ることには重要性があるといまも考えています。

　私はこの世に生まれ，成長し大人になり，京丹後市から豊岡市に嫁ぎました。

　兵庫県公立幼稚園に採用していただき，豊岡市役所の職員として，皆様に大変親切にしていただき，今もとても光栄な想いを抱いています。

　それから，数えきれないほど多くのこどもたちやご家族と出会うことが出来，多くの良き仲間に恵まれ，たくさんの学びを得ることが出来ました。

　いま，教育・保育の視点から，孫たちがお世話になります豊岡市立五荘小学校やこうのとり認定こども園での素晴らしい教育・保育に触れることが出来，こどもたちへの深い愛情に感銘する日々を過ごさせていただいています。

　思い起こせば，初めて勤めた大学では「造形」を担当させていただき，学生たちに絵画を教え，オブジェや焼き物も一緒に楽しむことが出来ました。その後お世話になりました短期大学では，美しいチャペルがあり，学生たちとチャペルの舞台で歌や手話を披露させていただきました。

　一つひとつの出来事が宝物となり，いま，素晴らしい思い出となっています。

　そして，現大学では，県主催のキャリアアップ研修会講師などもお世話になり，教員としての勉強の機会をたくさんいただきました。

　学外活動では，兵庫県豊岡市「城崎認定こども園」では，西垣浩文園長様から絵画指導のご依頼をいただき，長くこどもたちの保育に関わらせていただきました。

　また，昨年度は，宍粟市立認定こども園「戸原こども園」において，研究会

指導・講話を福本由紀園長様からご依頼いただき，「0歳からの教育」「乳幼児保育の重要性」をテーマに園内研修会に入らせていただきました。

今年度は，引き続き，11月12月に宍粟市「戸原こども園」同宍粟市「かしわの保育園」・「城東保育所」にて「0歳・1歳・2歳・3歳」の園内指導をお世話になります予定です。

その他にも，兵庫県・京都府には保育・教育に関して，多くの講演会・研究会のご指導にお世話になりました。忘れられない勉強の機会を与えていただきましたことは，この著書が書けました基礎（エネルギー）となったように感じています。それから，言葉の研究においては，皇學館大学の中野一茂先生・ユマニテク短期大学の田村禎章先生に大変お世話になりましたことも感謝です。

私は何の力も持ちませんが，周囲の先生方が素晴らしく，いつも支えていただきました。

子育て支援室での営みは，保護者様からの声掛けをいただき，私自身を高めてくれます。豊岡市文化協会所属「こどものアトリエばら園」は，来年度で10年目を迎えます。

様々な可能性を持つこどもたちが大好きな絵を描きに来ている姿を微笑ましく，誇らしく受け止めています。

「0歳からの教育」について

大人は，赤ちゃんに接するとき，その素直さに魅了されるものです。

いろいろなことのできない未熟さは，同時に，この世でどこに開かれていくか未知となる一筋の光でもあるような気がします。

未熟さをマリア・モンテッソーリは愛し，慈しみをもち，「幸いである姿」と捉えていますことに共感致します。

本書を通じ，マリア・モンテッソーリを慕うと同時に，このような私を常に

「0歳からの人間の尊重」

支え，ご指導いただきました師であります宮城教育大学教育学部　佐藤哲也先生，そして，兵庫教育大学子育て支援室長　名須川知子先生に，こころから感謝し，御礼申し上げます。

　いま，私は尊い教師の心が，こどもの「人格形成」の基礎になることを痛感しながら，この著書を書き終えようとしています。

　自問自答しながらですが，0歳からの教育の尊さについて。また，「保育と医療」について，真剣に向き合うことができました喜びで一杯です。

　「保育と医療」は，こどもの発達に深く関わり，どちらもが影響しながら，確かに響き合っていました。

　いま，この著書を書き終え，そのことを確信しています。

　全ての方へ感謝を込めて

令和2年12月吉日

保　田　恵　莉

著者紹介

保田　恵莉（やすだ　えり）

近畿大学豊岡女子短期大学児童教育科幼児教育専攻。卒業後，豊岡市立公立幼
稚園に勤務。兵庫教育大学大学院学校教育研究科学校教育専攻，同大学院学校
教育専攻修士課程卒業。九州保健福祉大学大学院連合社会福祉学研究科社会福
祉学専攻博士後期課程満期退学。
現在，姫路獨協大学准教授。専門は，幼児教育学，保育学。日本モンテッソー
リ学会・日本保育学会・日本乳幼児教育学会・大学美術教育学会他所属。豊岡
市招待作家（絵画部門）。豊岡市文化協会所属（こどものアトリエ「ばら園」
理事長：子育てアドバイザー）。

装丁　　有泉武己

マリア・モンテッソーリ「0歳からの教育の尊さ」
──響き合う保育と医療　　　　　　　　　　　　　　　　　©2021

2021年1月20日　初版第1刷発行

著　者　　保田恵莉
発行者　　杉本哲也
発行所　　株式会社　学苑社
東京都千代田区富士見2-10-2
電話　　　03（3263）3817
FAX　　　03（3263）2410
振替　　　00100-7-177379
印刷・製本　藤原印刷株式会社

検印省略　　　　　　　　乱丁落丁はお取り替えいたします。
　　　　　　　　　　　　定価はカバーに表示してあります。

ISBN978-4-7614-0820-6　C3037